PRIMER NIVEL:

APRENDE BAJO FÁCILMENTE

POR VICTOR M. BARBA

Amsco Publications
New York/London/Paris/Sydney/Copenhagen/Madrid

Cover photograph by Randall Wallace
Project editor: Ed Lozano

Order No. AM 974380
US International Standard Book Number: 0.8256.2729.X
UK International Standard Book Number: 0.7119.9475.7

Exclusive Distributors:
Music Sales Corporation
257 Park Avenue South, New York, NY 10010 USA
Music Sales Limited
8/9 Frith Street, London W1D 3JB England
Music Sales Pty. Limited
120 Rothschild Street, Rosebery, Sydney, NSW 2018, Australia

Printed in the United States of America by
Vicks Lithograph and Printing Corporation

ÍNDICE

INTRODUCCIÓN

MÚSICA FÁCIL... ¡CON ESTE LIBRO ES REALMENTE FÁCIL!

En poco tiempo te darás cuenta de cómo puedes tocar fácilmente el bajo. Con tan sólo un poco de práctica y estudio vas a poder acompañar canciones y tocar melodías sin apenas esfuerzo. Por supuesto no serán todas las canciones que ya conoces o esperas poder tocar, pero con la ayuda de este libro, aprenderás a tocar canciones. Descubrirás que con este método podrás tocar música, y por supuesto, tocar en un grupo. De esta forma podrás tocar canciones conocidas de tus artistas favoritos y los ritmos que te gustan.

En este libro aprenderás ritmos y canciones de los estilos:
norteño, banda, cumbia, bolero, balada, *rock*, mariachi, ranchera y muchos otros estilos más.

No trates de tocar todo enseguida. Estudia primero y practica mucho cada ejemplo. La música tiene que ser divertida, y por eso lo es también este libro. Verás que con un poco que estudies serás capaz de crear tus propias canciones. Recuerda que quizá no conozcas muchas de las canciones que se incluyen en este método, pero sí son muy parecidas a todas esas canciones que escuchas en la radio y en tus discos compactos.

Ojalá disfrutes tanto con este libro, como yo disfruté al escribirlo.

CD

El disco compacto (CD) incluye todos los ejemplos completos. Primero escucharás el tema musical y la canción tocada solamente con el bajo y luego el tema musical y la canción tocada con todo el grupo: teclados, guitarra, bajo y batería.

Este libro esta pensado para que pronto puedas tocar en grupo, pero también para que aprendas a tocar por tu propia cuenta. Es importante entonces que practiques varias veces cada canción y la toques al mismo tiempo que escuchas el CD.
Para escuchar una canción determinada fíjate en el número que está dentro de la estrella rodeada por un círculo.

Por ejemplo, ésta es la canción numero 4, y es el tema musical número 4 del CD. Es muy fácil, al igual que toda la música de este libro.

Te felicito por querer aprender música. Practica mucho y aprenderás.

INSTRUMENTO

Es bueno que conozcas tu instrumento lo mejor posible. Las partes más importantes del instrumento, son las siguientes:

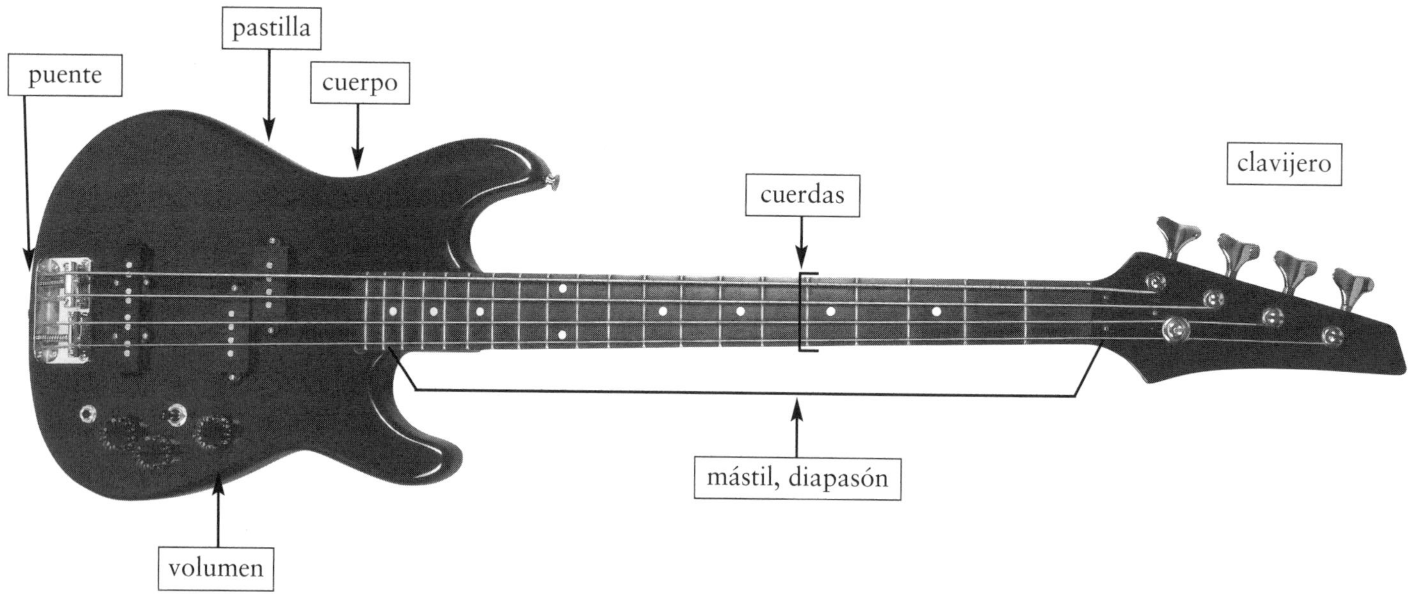

AFINACIÓN

La afinación es el acto de afinar. Se llama afinar un instrumento a ajustarlo al tono musical correcto. Por ejemplo, la nota de LA, se debe oír igual en cualquier instrumento. El *teclado* electrónico, normalmente está siempre afinado de fábrica, si tocas la nota LA, se oye LA. El *bajo* no suele venir afinado. Para afinar el bajo se tensan o aflojan las cuerdas. Por eso hay que afinar el bajo igual al teclado, y la guitarra, y la voz, en fin, todos los instrumentos deben de estar afinados antes de usarlos.

La afinación cuesta un poco de esfuerzo al principio por falta del oído musical. De momento, no te preocupes mucho. Pide ayuda a alguien que sepa afinar tu instrumento y practica siempre con el instrumento afinado. Incluso los pianos acústicos se tienen que afinar y para eso hay profesionales que afinan pianos. La guitarra o el bajo, son más sencillos de afinar que un piano. Trata de no tocar con el instrumento desafinado. La *batería* también se afina, aun cuando no tiene tonos, si tiene sonidos y los tambores deben estar bien afinados. No te preocupes mucho si no sabes afinar tu instrumento todavía, poco a poco vas a oír mejor las diferencias entre un instrumento afinado y otro que no lo está y lo vas a poder hacer por tu cuenta. Por ahora, concéntrate en aprender a tocar el instrumento.

Notas

La música se escribe con *notas*, que son las bolitas y palitos que has visto muchas veces. En este libro vas a aprender para qué sirven las notas y cómo usarlas.

Las notas representan sonidos. Cuando ves una nota, representa un sonido. Si ves 5 notas, son 5 sonidos, y así sucesivamente. El sonido puede ser igual o diferente. Si la nota está en la misma rayita o en el mismo espacio entonces el sonido es *igual*. Si las notas van subiendo, por ejemplo una en cada línea del pentagrama, entonces cada sonido es *diferente*.

Además de sonidos *iguales* y *diferentes*. Hay sonidos *graves* (o notas graves), como los que hace el *bajo* o la *tuba*. También hay sonidos (o notas) *agudas*, como las del violín, la flauta o la trompeta.

Existen también los sonidos *cortos* (que sólo duran poquito tiempo) o sonidos *largos* (que duran muuuuuuuucho tiempo).
Por eso el *tiempo* en la música es lo principal, si no existiera el tiempo, no se podría tocar música.

Las *notas* pueden ser *iguales* o *diferentes*, *altas* o *bajas*, *cortas* o *largas*.

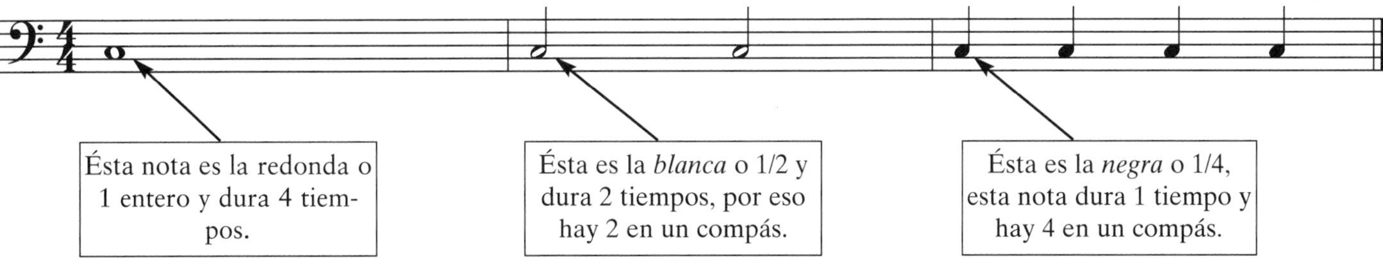

Todas las *notas* se escriben en un *pentagrama*. Recuerda que para escribir música se utiliza una método que representa el sonido. El sonido tiene muchas cualidades, puede ser: agudo, grave, largo, corto, de poco volumen, de gran volumen, entre otros. El *pentagrama* se utiliza para poder representar la música por escrito.

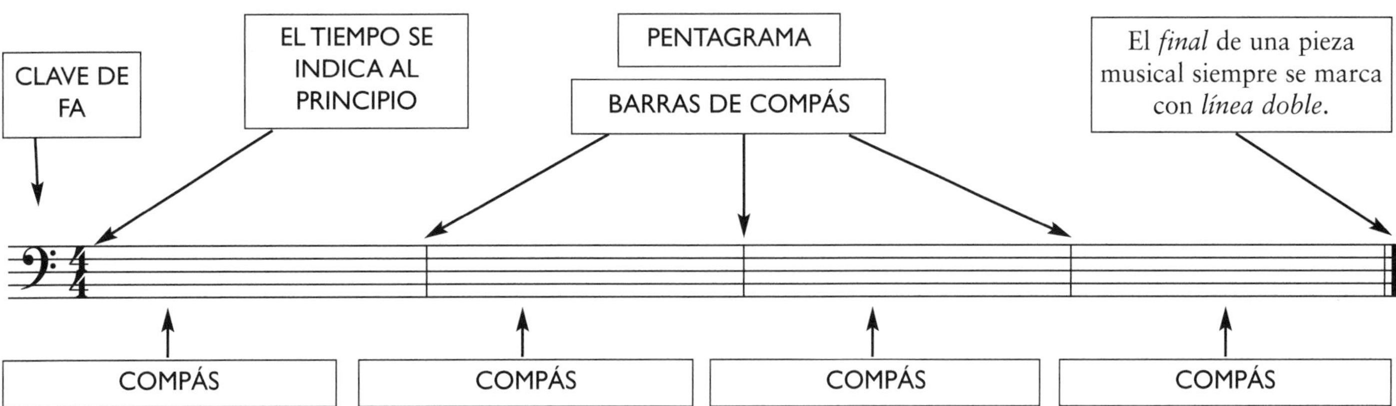

La música se divide en *compases*; un compás es la distancia que hay en medio de dos barras de compás.

El *pentagrama* tiene 5 líneas y 4 espacios. Las líneas se cuentan de abajo a arriba.

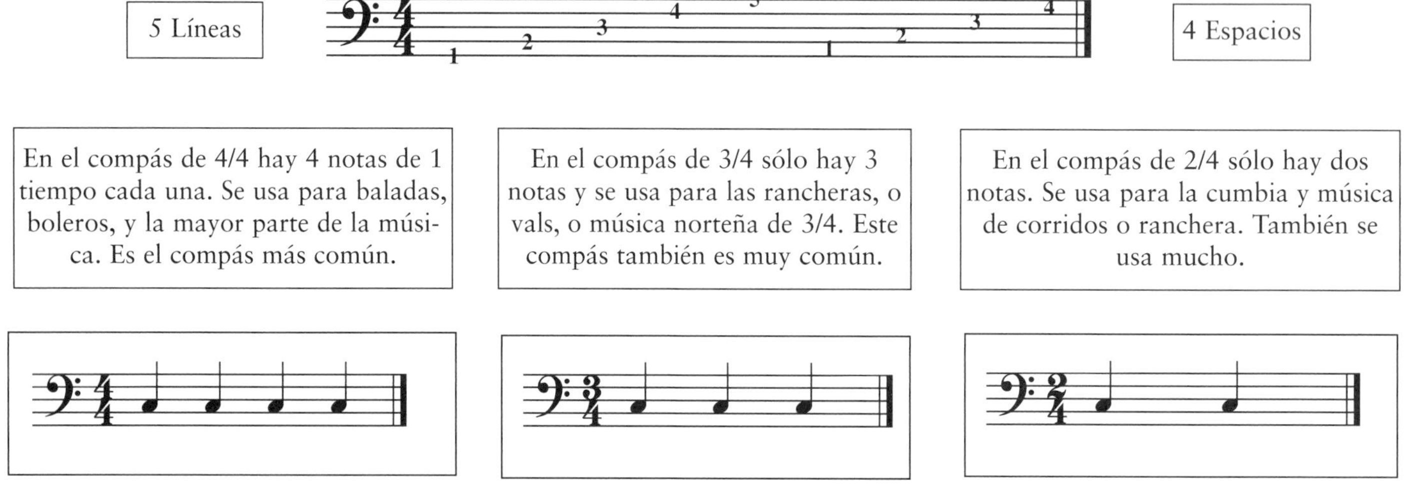

En el compás de 4/4 hay 4 notas de 1 tiempo cada una. Se usa para baladas, boleros, y la mayor parte de la música. Es el compás más común.

En el compás de 3/4 sólo hay 3 notas y se usa para las rancheras, o vals, o música norteña de 3/4. Este compás también es muy común.

En el compás de 2/4 sólo hay dos notas. Se usa para la cumbia y música de corridos o ranchera. También se usa mucho.

Hay más tipos de compases, pero después los aprenderás. De momento aprende estos tres.

PRINCIPALES ESCALAS MAYORES

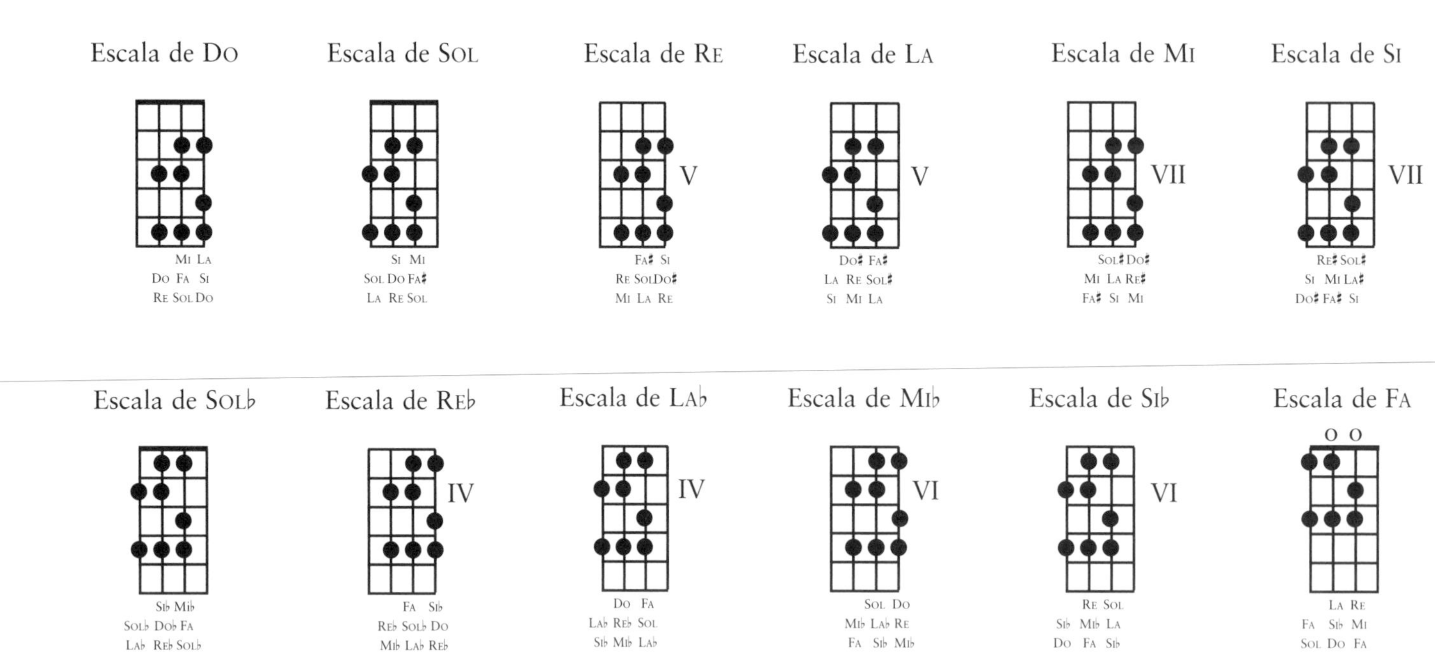

Practica estas escalas todos los días. Si lo haces, te garantizo que vas a tocar muy bien en poco tiempo.

Usa los dedos correctamente, el bajo y la música son muy lógicas, y tienen patrones parecidos. Si practicas mucho lo descubrirás.

IMPORTANTE

Para tocar una canción o acompañarla, necesitas *sentir la música*. Esto lo puedes lograr a través de la práctica y el estudio. Hay tres elementos muy importantes que forman parte de la música:

Ritmo
Melodía
Armonía

Ritmo

El *ritmo* es un patrón musical formado por una serie de notas o unidades que son de duración diferentes. Por ejemplo la música disco, la cumbia, o la mayoría de música bailable tienen un ritmo muy marcado. La batería es un instrumento de percusión que marca el ritmo. Más adelante vas a entender mejor lo que es el ritmo. El ritmo puede expresarse con un sólo sonido o por varios sonidos. Éste es un ejemplo de ritmo usando un sólo sonido:

Melodía

La *melodía* es una sucesión de notas musicales que forman una frase musical o idea. Quiere decir que si creas un ritmo con diferentes sonidos, formas una melodía. Las melodías pueden (y deben) variar el ritmo, para que no sean monótonas o aburridas. Las melodías dependen mucho del compositor o del estilo de música del que se trate.

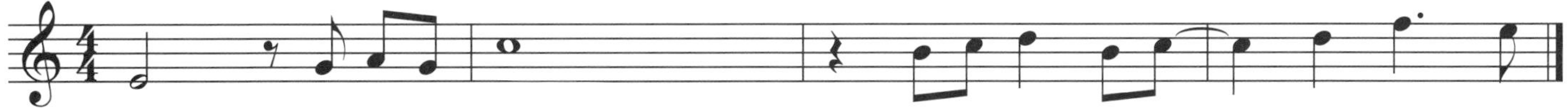

Armonía

La *armonía* es la comprención de las escalas y los acordes. Cuando tocas varias melodías al mismo tiempo, por ejemplo una con piano, otra con guitarra y al mismo tiempo tocas el bajo, cada instrumento va haciendo una melodía diferente (la melodía es como una tonadita). Cuando eso pasa, hay momentos en que suenan tres notas o más al mismo tiempo, y eso forma los *acordes*. La armonía es la parte de la música que estudia los acordes y cómo se deben de usar para formar progresiones de acordes o círculos para poder así acompañar las canciones.

LAS NOTAS EN EL BAJO

LAS NOTAS AL ESTÍLO DE MÚSICA FÁCIL

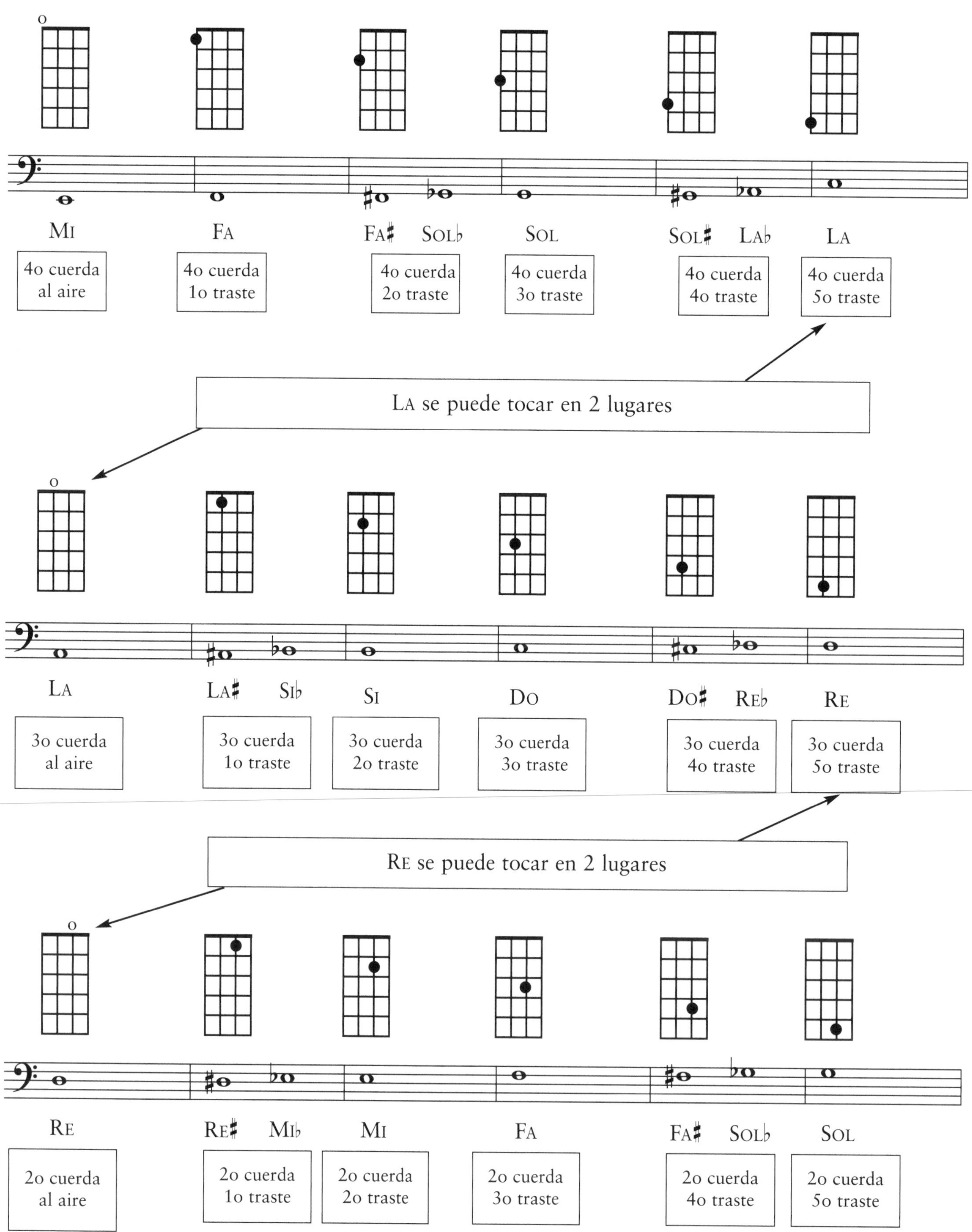

LAS NOTAS EN EL BAJO

LAS NOTAS AL ESTÍLO DE MÚSICA FÁCIL

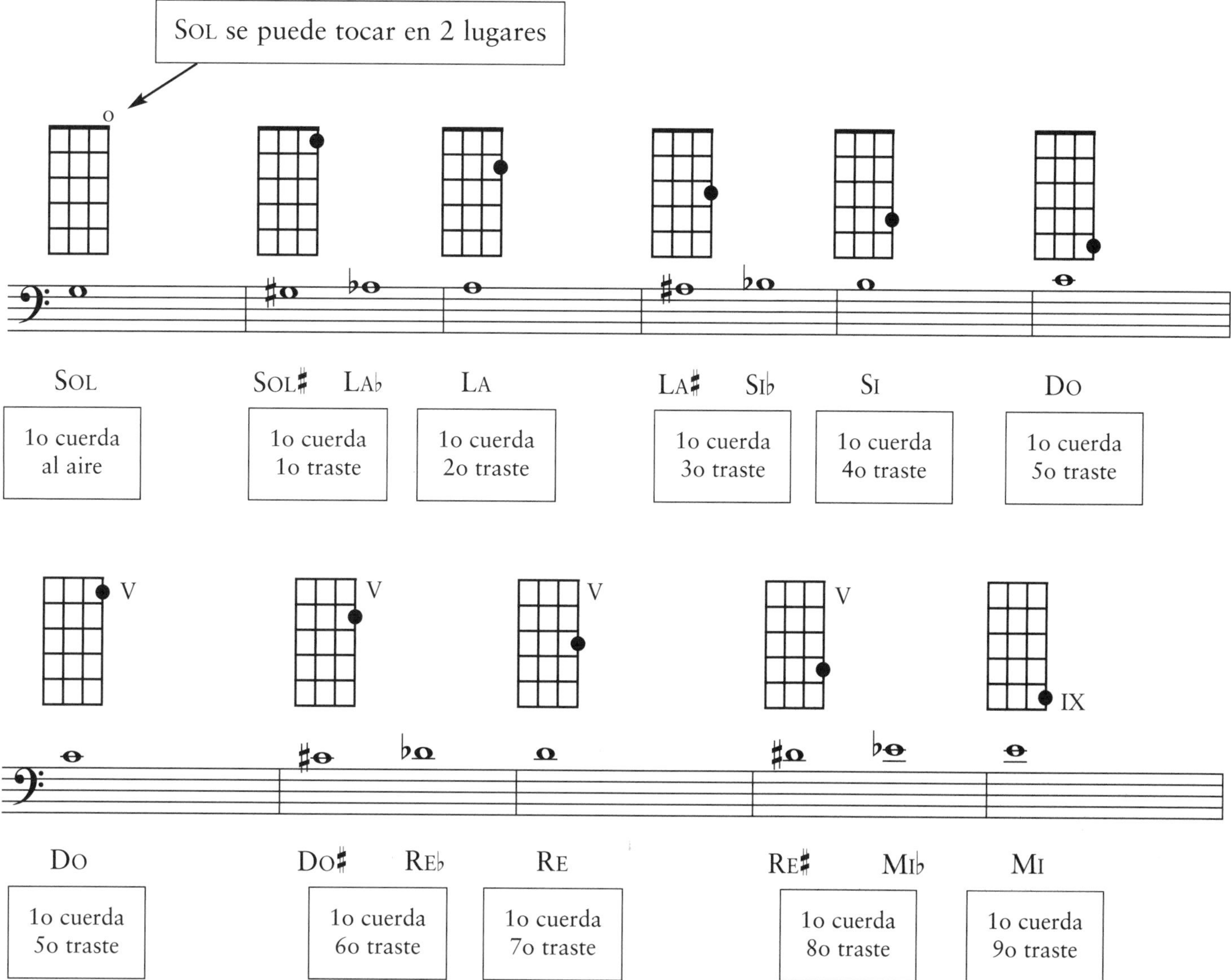

Cuanto más estudies, más aprenderás. Éstas son las notas más comunes, pero el bajo tiene más notas. Todas las notas se pueden tocar en varios lugares del mástil de el bajo, pero por ahora con que te aprendas éstos, es más que suficiente.

Cómo Se Toca El Bajo

Recuerda que este método se llama *Musica Fácil*, por eso vamos a mostrar la manera más fácil posible de tocar el bajo.

El bajo se toca con las dos manos. Hay bajos de 4 cuerdas y de 5 cuerdas. En este libro estudiaremos el de 4 cuerdas. Lo que aprendas en este libro lo podrás tocar en cualquiera de las dos. Sería imposible que en un sólo libro pudieras aprender toda la música que existe o que supieras tocar el instrumento perfectamente bien. Este libro, sin embargo, es una muy buena base.

Las notas son 7: Do-Re-Mi-Fa-Sol-La-Si. Después vuelves a repetir Do si quieres continuar con el mismo orden de las notas.
Fíjate en este dibujo.

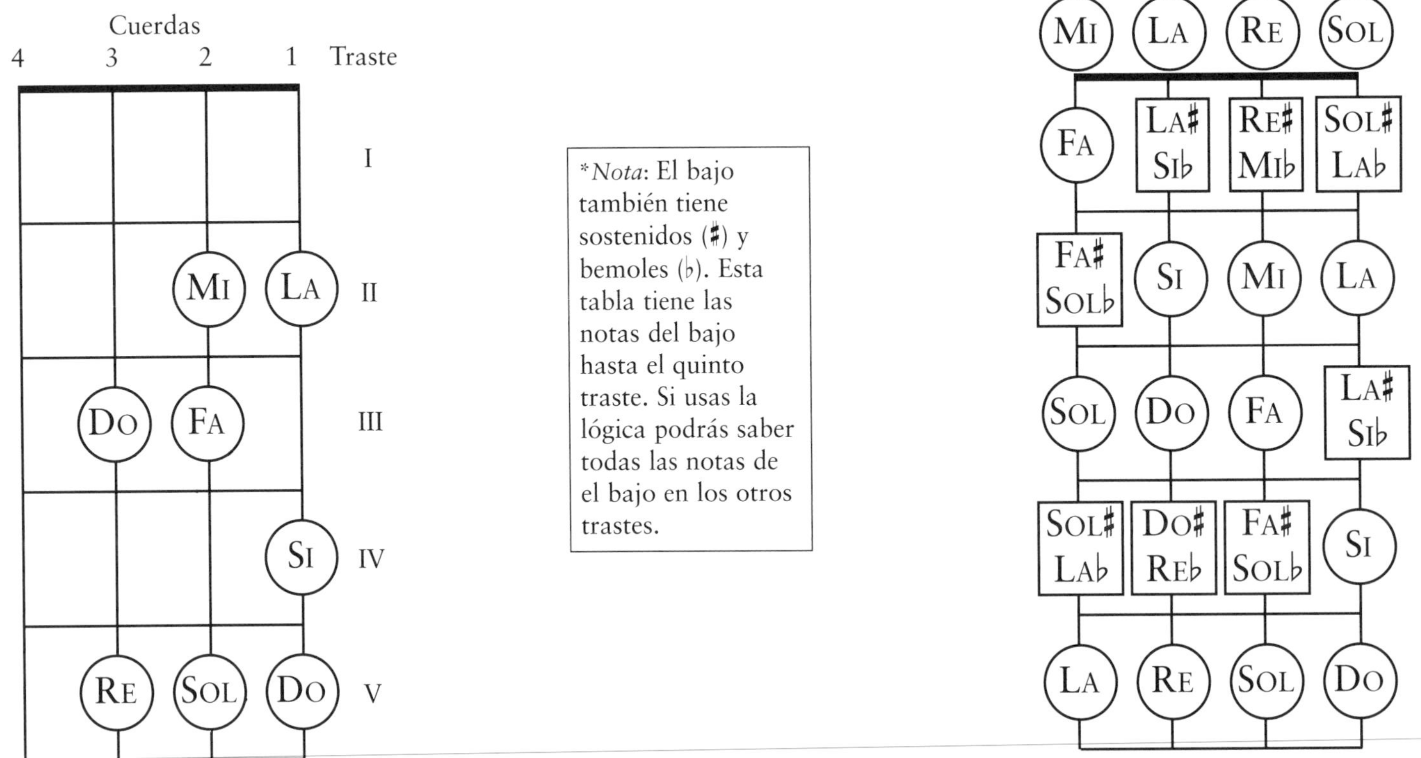

Los dedos de la mano izquierda se enumeran así:

*Nota: El dedo gordo de la mano izquierda no se usa porque es el que va detrás del mástil de el bajo y sirve para apoyar la mano.

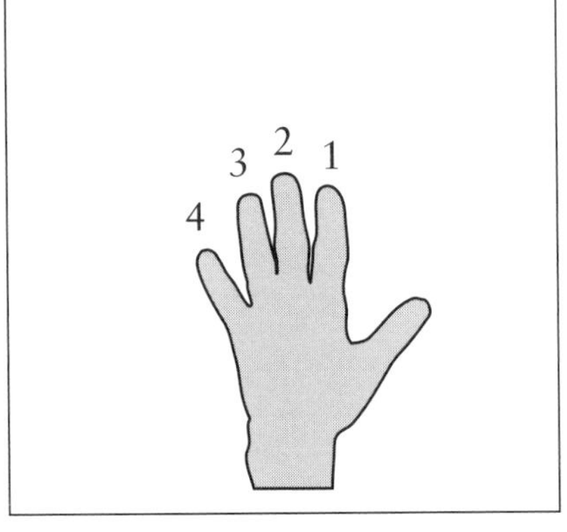

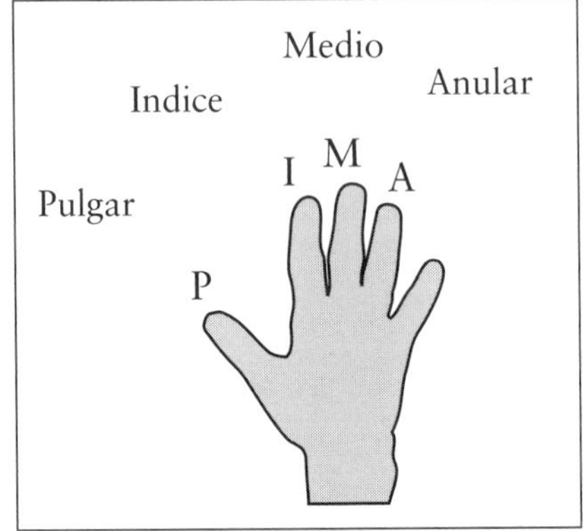

Los dedos de la mano derecha se enumeran así: pulgar índice medio anular P I M A

*Nota: El dedo meñique y el anular de la mano derecha casi no se usan. En este libro sólo usaremos el pulgar, el índice y el medio.

2 MIS PRIMEROS PININOS

Cuando veas esta estrella quiere decir que es el tema musical número 2 del CD. El número de la estrella te indica el tema musical del CD.

La nota SOL se toca aquí.

Esta nota es DO y dura 4 tiempos. Se toca aquí.

En esta canción sólo se usan 2 notas DO y SOL.

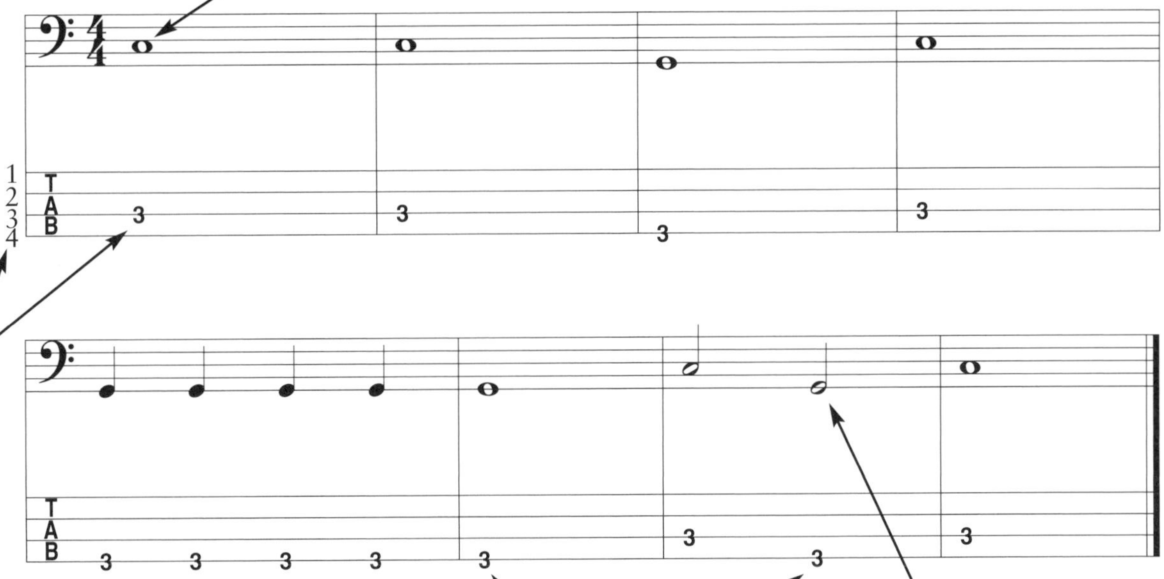

Tablatura: Fíjate que el bajo tiene 4 cuerdas, la mas gordita es la de abajo y la mas delgadita es la de arriba; la primera. Cuando veas el número 3 en la tercer cuerda, quiere decir que tocas la tercer cuerda en el tercer traste. Así se toca el Do.

En este caso la tablatura te dice que toques la cuarta cuerda en el tercer traste y tocas SOL.

Esta nota es SOL y dura 2 tiempos.

3 MIS PRIMEROS PININOS (GRUPO)

Vamos a comenzar a tocar música inmediatamente. Vas a notar como desde la canción N° 1 ya estás tocando en grupo. Vas a tocar tu parte en tu instrumento mientras los demás tocan el suyo y juntos van a producir la música que escuchas en el CD.

Practica la canción primero sin el grupo, para que oigas bien el bajo. Cuando ya lo sepas, tócalo con todo el grupo. Esto te sirve de acompañamiento y de guía, para que toques siempre a tiempo. Toca todas las canciones de este libro de la misma manera.

4 RANCHERITA

El ritmo de rancherita es muy sencillo. Golpe de bajo, silencio, golpe de bajo, silencio.

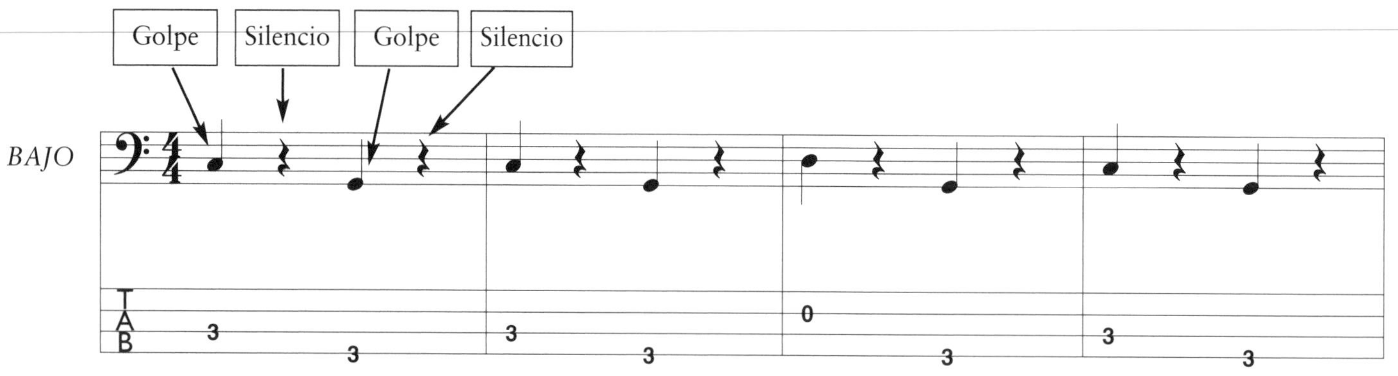

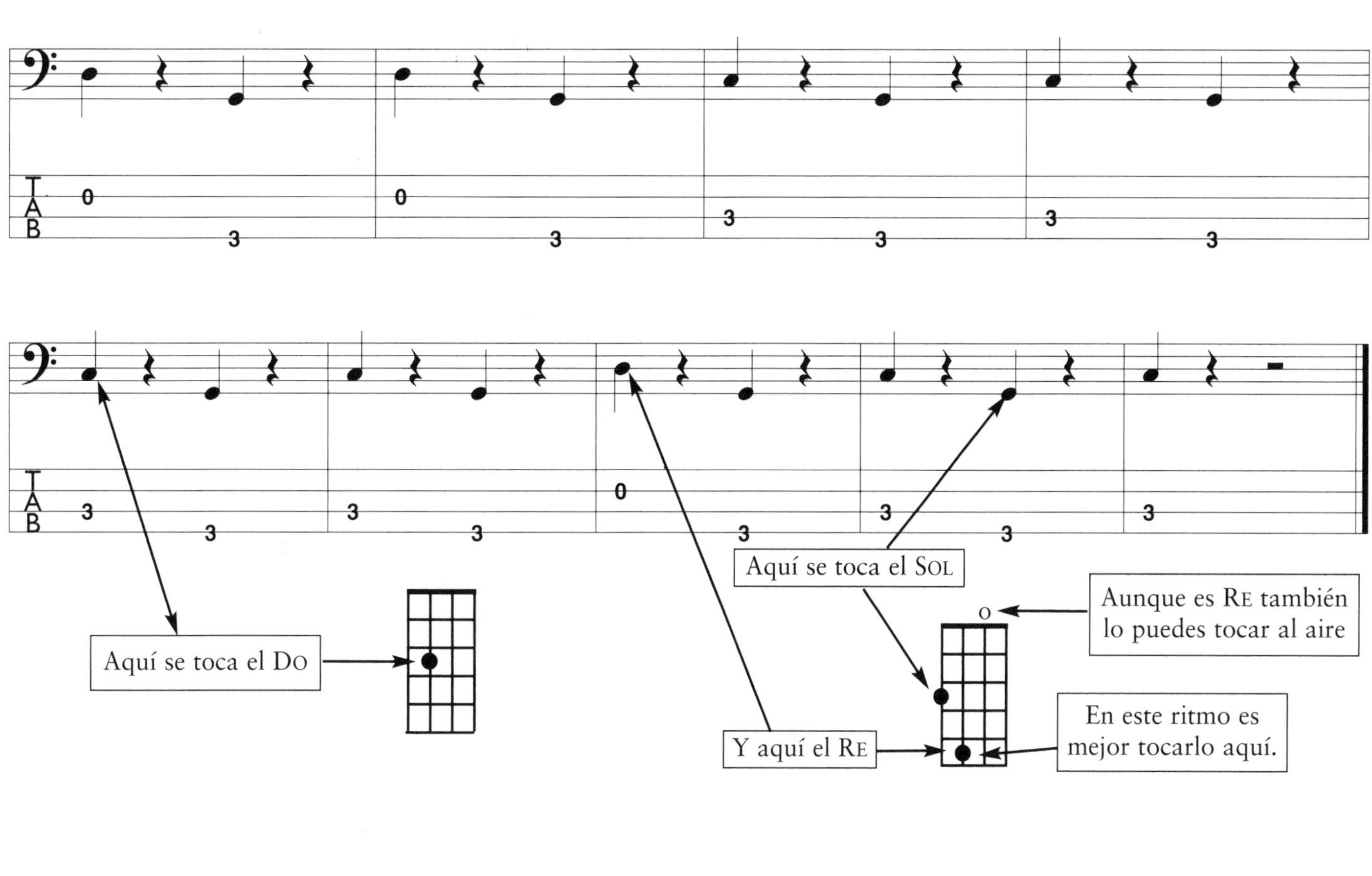
T
A
B
Aquí se toca el Do
Y aquí el Re
Aquí se toca el Sol
Aunque es Re también lo puedes tocar al aire
En este ritmo es mejor tocarlo aquí.

Recuerda que las notas negras, duran 1 tiempo.

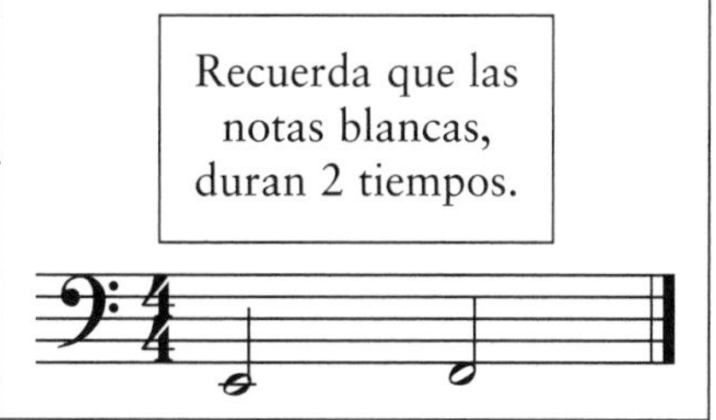
Recuerda que las notas blancas, duran 2 tiempos.

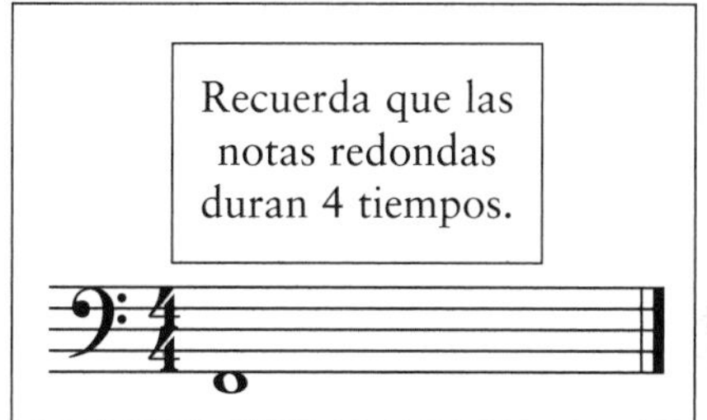
Recuerda que las notas redondas duran 4 tiempos.

También hay silencios de 1 tiempo que se escriben así.

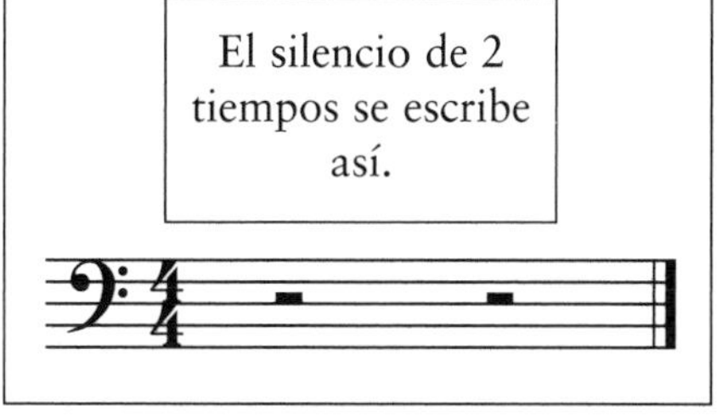
El silencio de 2 tiempos se escribe así.

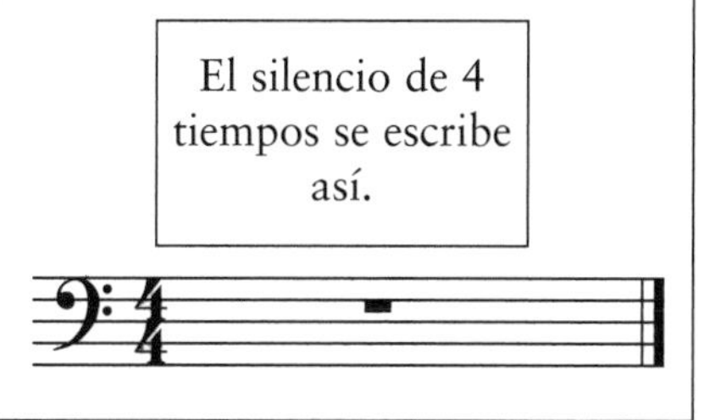
El silencio de 4 tiempos se escribe así.

5 RANCHERITA (GRUPO)

Partitura General: Una partitura general es donde se escriben todos los instrumentos, uno encima del otro. Ya viste el ejemplo en la canción anterior, aquí te explico un poco más. Lo principal es escuchar el tema musical en el CD muchas veces y poco a poco lo vas a ir entendiendo.

6 SIMPLEMENTE TÚ

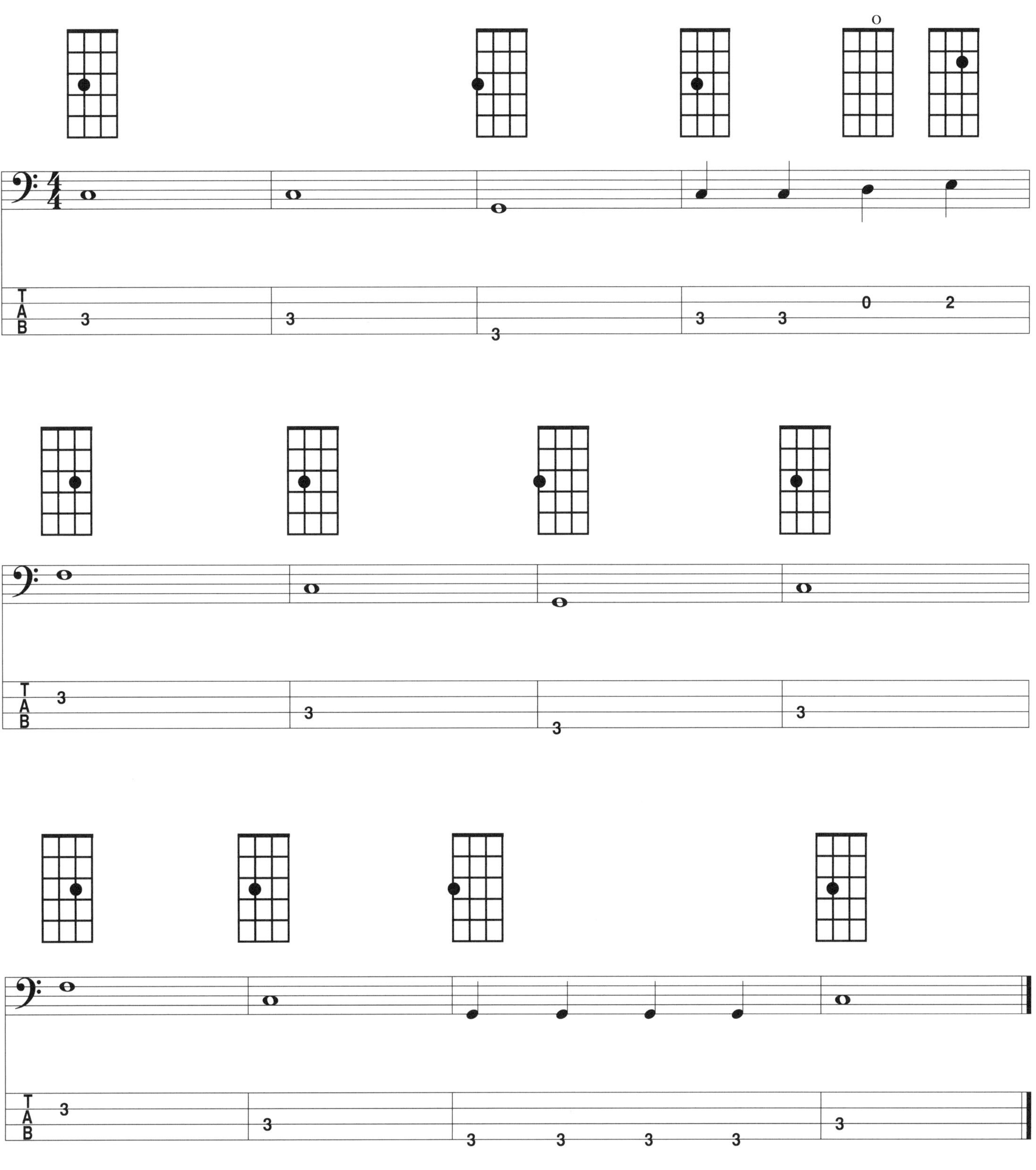

¡Mira qué fácil es tocar con este método!

Las únicas notas de esta canción son DO, SOL, RE, MI y FA. Eso es todo. Aunque sea una canción sencilla, tócala bien bonito como todo un buen bajista.

Acuérdate de marcar los tiempos.

Armonía en el teclado

Intervalos

3ra Mayor

De Do a Mi hay una 3ra Mayor. Porque hay 5 notas de distancia. Do-Do♯-Re-Re♯-Mi

3ra menor

De Do a Mi♭ hay una 3ra menor. Porque hay 4 notas de distancia. Do-Do♯-Re-Mi♭

2da Mayor

De Do a Re hay una 2da Mayor. Porque hay 3 notas de distancia. Do-Do♯-Re

2da menor

De Do a Re♭ hay una 2da menor. Porque hay 2 notas de distancia. Do-Re♭

Cuando es la misma nota, de Do a Do se le llama *unísono*. (Un solo sonido).

Cuando es de un Do al otro Do más alto se le llama una *octava*. (La distancia que hay entre 8 notas).

**Nota*: Aunque el intervalo de octava tiene 13 notas (Do-Do♯-Re-Re♯-Mi-Fa-Fa♯-Sol-Sol♯-La-La♯-Si-Do), se le llama octava porque sólo se cuentan las notas sin los sostenidos. (Do-Re-Mi-Fa-Sol-La-Si-Do), por eso son 8 como en una escala. La *escala* son todas las 8 notas. El *intervalo* es la distancia entre dos notas.

8 La escala de Do

La escala de Do es la básica además de ser la primera escala que vamos a aprender. Las notas son: Do-Re-Mi-Fa-Sol-La-Si-Do. Una escala se forma con 7 notas y repitiendo la primera nota al final son 8 notas en total. Hay varios tipos de escalas, ésta es una escala mayor.

Si te fijas en la página 6, verás que en medio de Do y Re, hay una nota que es Do♯ o Re♭, ¿verdad? Notarás también, que en medio de Mi y Fa, no hay nada. Tampoco hay nada entre Si y Do. De esta manera se forma la escala de Do mayor, siguiendo el orden natural de las notas.

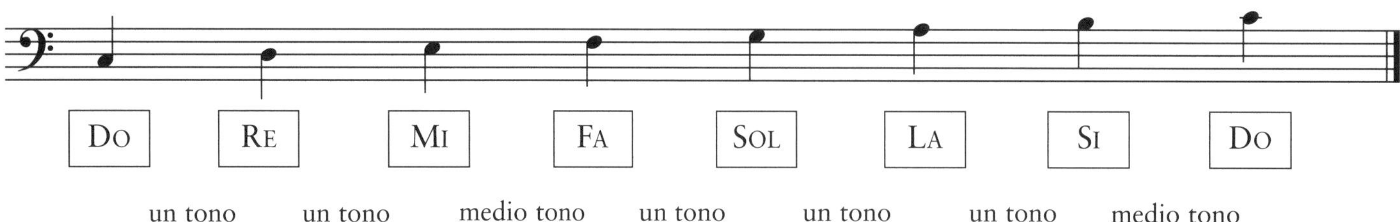

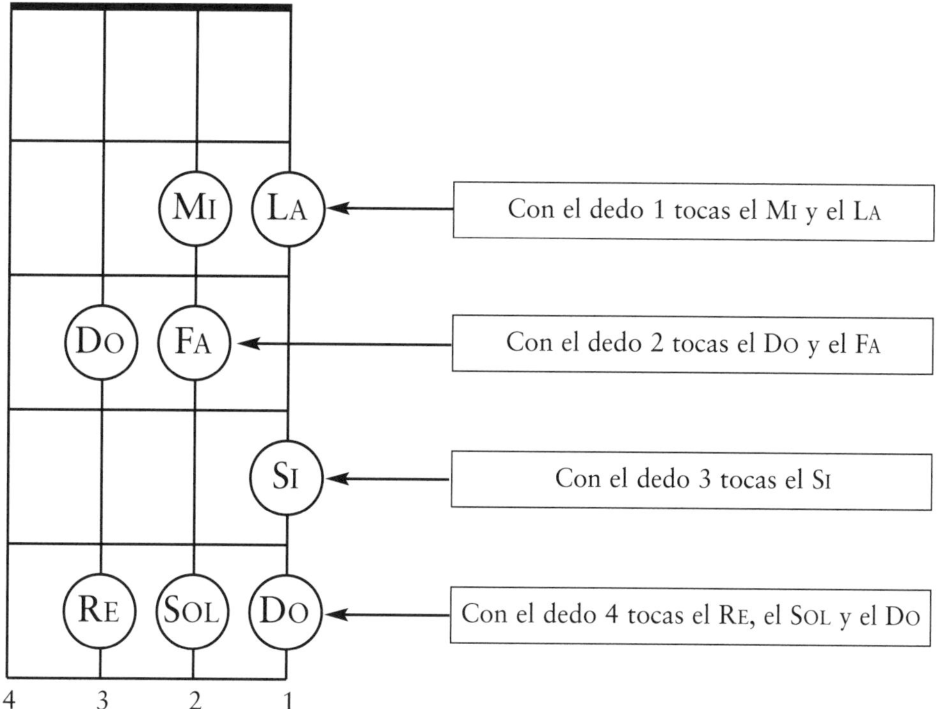

Practica esta escala y fíjate en dónde se escribe cada una de las notas y dónde se toca.

Por ejemplo: En el tercer traste de la tercera cuerda está Do. Se escribe en el segundo espacio del pentagrama en clave de Fa.

7 SIMPLEMENTE TÚ (GRUPO)

Como ya tienes una idea de cómo se lee una partitura, trata de leerla siguiendo la música con el CD. Si no lo entiendes bien, repasa las páginas anteriores. Recuerda marcar y contar el tiempo, seguir cada uno de los instrumentos, fijarte si la nota sube o baja y tocar tu instrumento junto con el grupo.

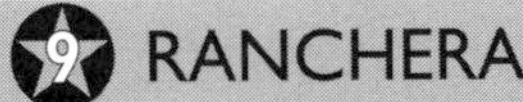

9 RANCHERA

En este ritmo, hay 3 tiempos en cada compás. Tocar este ritmo en el bajo es muy sencillo; solamente se toca en el primer tiempo de cada compás.

Al tocar el bajo cuentas 1 (al mismo tiempo) y luego hay dos silencios de 1 tiempo cada uno. En esos silencios es donde toca el acompañamiento de la guitarra.

Compás de 3/4

1 2 3 1 2 3

El 1 es para el bajo, y el 2 y 3 es para la guitarra (que es el acompañamiento).

A este ritmo se le llama en música popular el "chun ta ta" *chun* *ta* *ta* *chun* *ta* *ta* *chun*

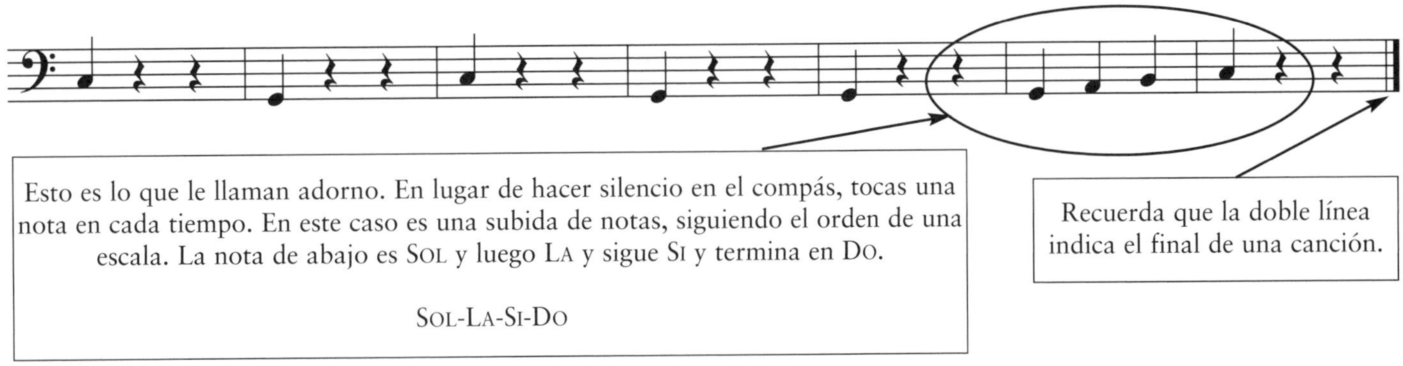

Esto es lo que le llaman adorno. En lugar de hacer silencio en el compás, tocas una nota en cada tiempo. En este caso es una subida de notas, siguiendo el orden de una escala. La nota de abajo es Sol y luego La y sigue Si y termina en Do.

Sol-La-Si-Do

Recuerda que la doble línea indica el final de una canción.

10 RANCHERA (GRUPO)

Con todo lo que ya has leído hasta esta página, puedes poder seguir esta partitura con facilidad.

Mira y escucha lo que hace el teclado. Luego, trata de escuchar lo que hace la guitarra y de seguir al bajo y el ritmo de la batería.

Practica escuchando música de esta manera muchas veces y aprenderás bastante.

Escucha las canciones una y otra vez. No solamente toques el instrumento. El conocimiento musical requiere además de la práctica del instrumento, la comprensión de la teoría musical. Asegúrate de entender todo bien antes de seguir adelante.

C G

Pentagrama *Teclado*

Pentagrama *Guitarra*

Pentagrama *Bajo*

Pentagrama *Batería*

Pentagrama *Teclado*

Pentagrama *Guitarra*

Pentagrama *Bajo*

Pentagrama *Batería*

TU DULCE AMOR

Esta pequeña balada es muy fácil. Observa que cuanto más estudias, más fácil es tocar canciones. Te voy a dar una pequeña ayuda para tocar las notas; pero definitivamente, tienes que aprender la posición de las notas.

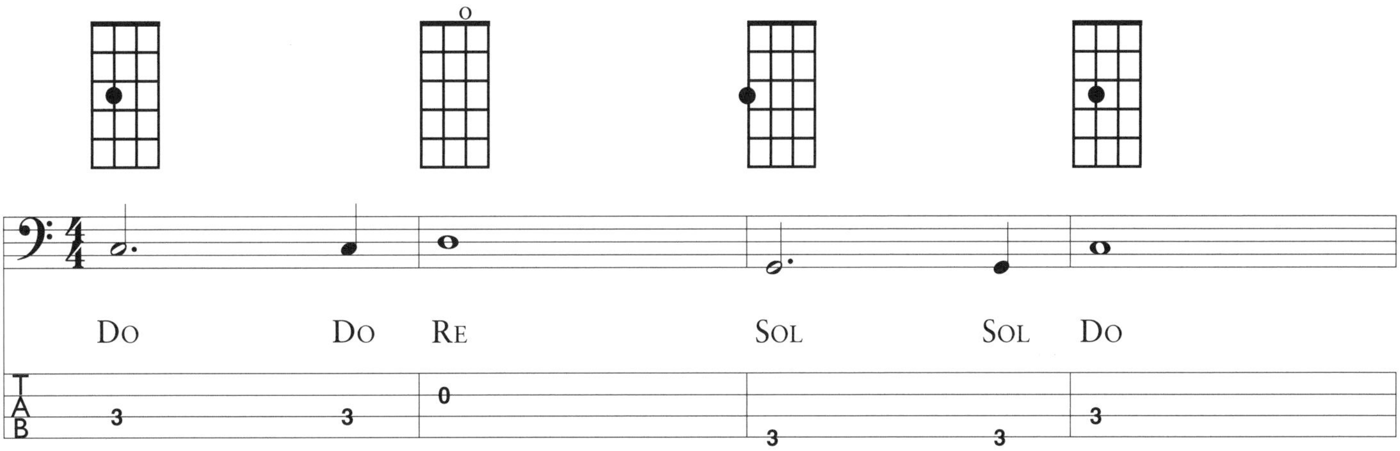

Do
Do
Re
Sol
Sol
Do
T
A
B
3
3
0
3
3
3

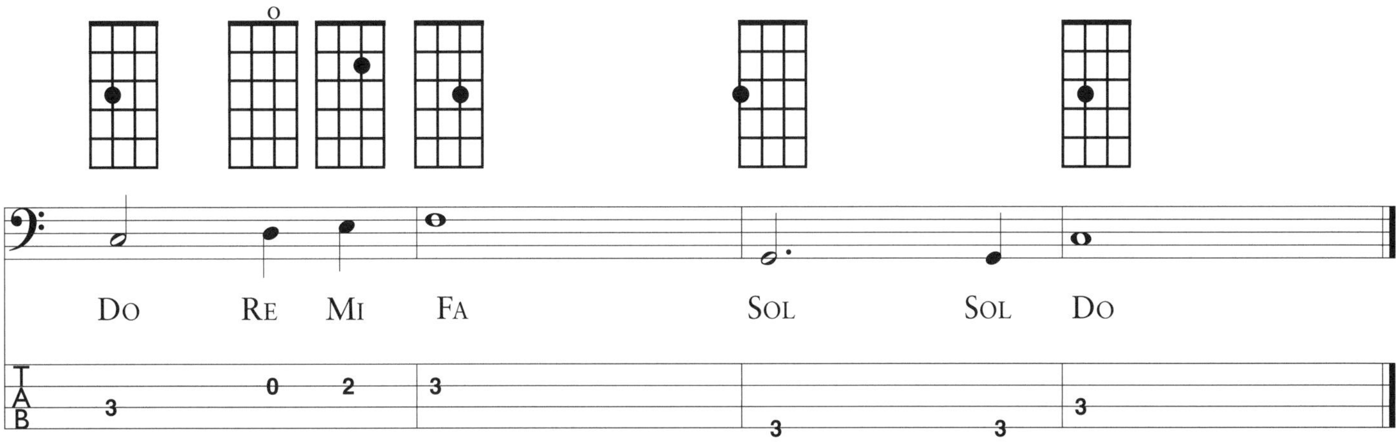

Do
Re
Mi
Fa
Sol
Sol
Do
T
A
B
3
0
2
3
3
3
3

Importante

La mejor forma de leer las notas es ésta.

1. Memoriza el orden de todas las notas: Do [Do♯ o Re♭] Re [Re♯ o Mi♭] Mi Fa [Fa♯ o Sol♭] Sol [Sol♯ o La♭] La [La♯ o Si♭] Si Do. (Esta escala se llama la *escala cromática.*)
2. Fíjate si las notas que lees van hacia arriba, o hacia abajo, o si hay saltos.
3. Estudia siempre despacio. Cuanto más despacio estudies, más rápido aprenderás.
4. Practica mucho.

Sube
Sube
Sube
Salta
Igual
Sube

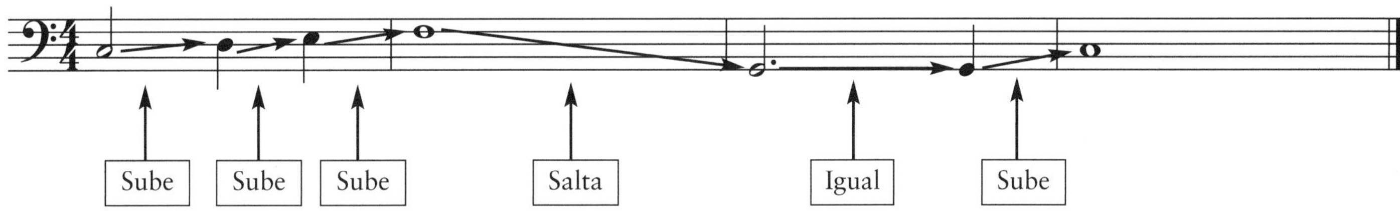

12 TU DULCE AMOR (GRUPO)

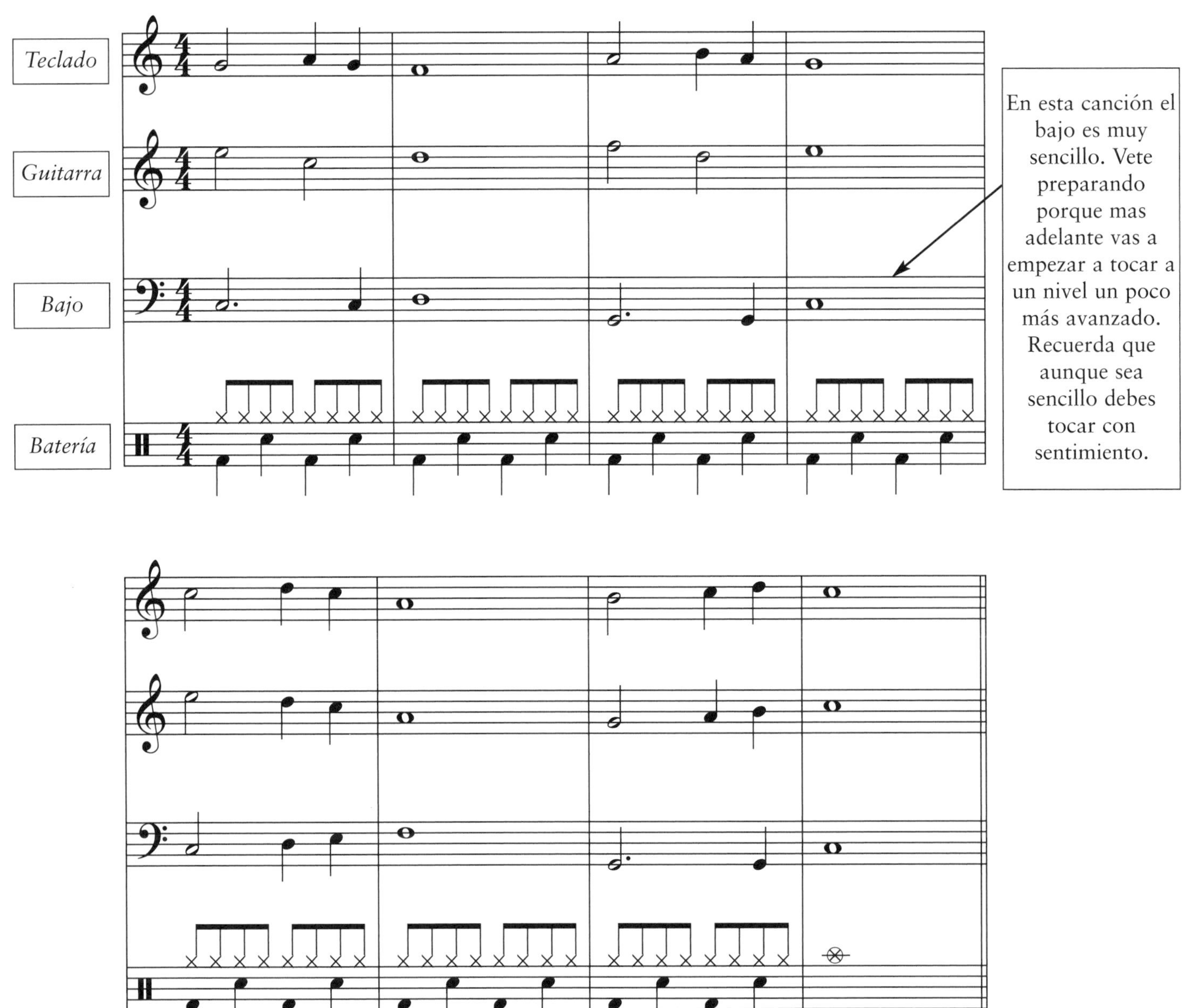

13 LA ESCALA DE SOL

Así se forma la escala de SOL mayor. Tomas como base la escala de DO mayor, (pág. 18), y la divides en dos poniendo las últimas 4 notas en otro pentagrama más arriba. En el segundo pentagrama le agregas 4 notas para tener 8 notas; de SOL a SOL. El orden tiene que ser el mismo en las dos escalas, por eso tienes que agregar el ♯ (sostenido) al FA, para que tenga el mismo orden. Entonces resulta una nota nueva: el FA♯ (FA sostenido).

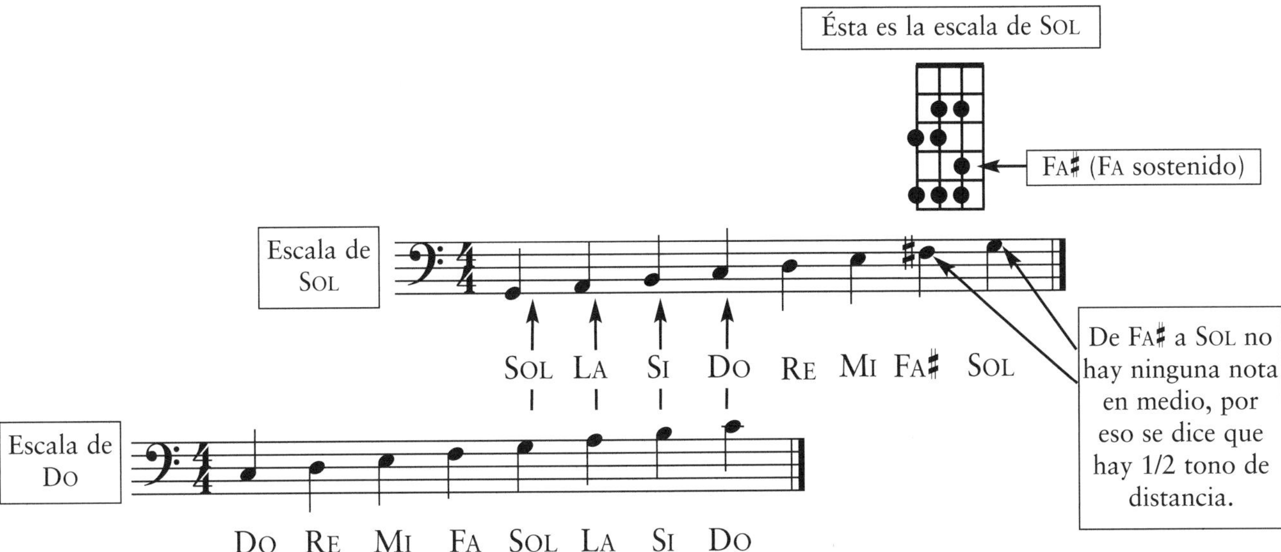

14 AMANECER

Algunas veces, cuando tocas una canción, hay partes de la música que se repiten exactamente igual. Para no tener que volver a escribir la misma música dos veces, simplemente la tocas una vez y repites lo mismo fijándote en los signos de repetición.

Cuando veas este signo 𝄆 Tocas la música hasta que encuentres este otro 𝄇. Entonces, vuelves de nuevo al signo 𝄆 y vuelves a repetir la misma música. Eso quiere decir que: *toda la música que esté en medio de este signo 𝄆 y este signo 𝄇 se tiene que repetir.*

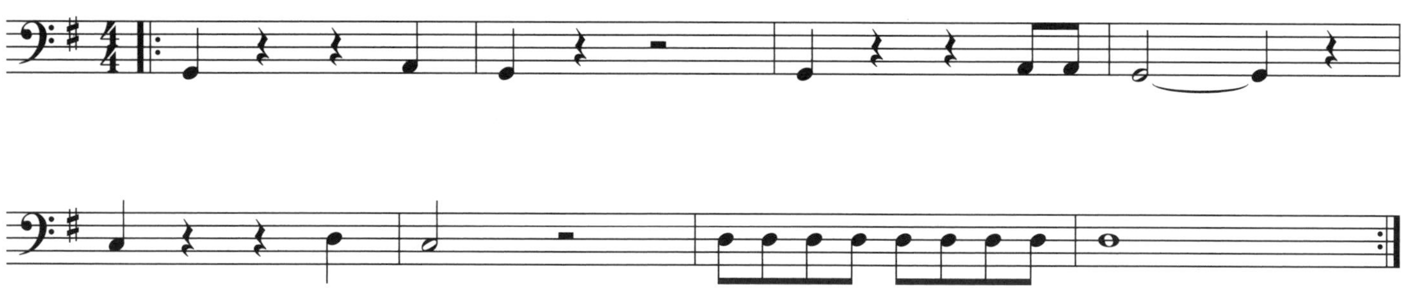

15 AMANECER (GRUPO)

16 SOLAMENTE DOS VECES

Ésta es la armadura de SOL. Quiere decir que todos los FA que veas son ♯.

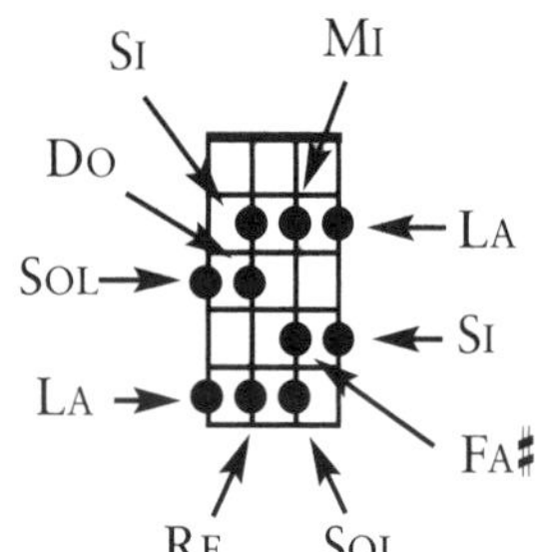

Estas son las notas que vas a tocar en esta canción. Todas estas notas están basadas en la escala de SOL. Practica estas notas primero y toca la canción después. Para esta canción ya debes de conocer bien estas notas. Toca mucho y sobre todo escucha el CD, para que oigas y veas como va esta melodía.

17 SOLAMENTE DOS VECES (GRUPO)

18 EL CHA CHÁ

Este ritmo es de cumbia o cha-cha-chá o tex mex o banda o muchos otros ritmos muy populares que has oído en la música.

Es primera de SOL, **SOL (G)** y segunda de SOL, **RE (D)**; primera y segunda, primera y segunda y así toda la canción. Recuerda que, como explicamos en la armonía, un acorde son 3 notas diferentes. En este ritmo tocas primera de SOL (SOL, SI, RE) y segunda de SOL (RE, FA♯, LA) con el ritmo de 1 negra y 2 corcheas. Así de fácil se toca la cumbia.

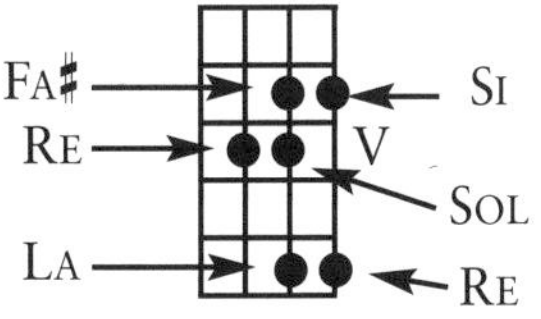

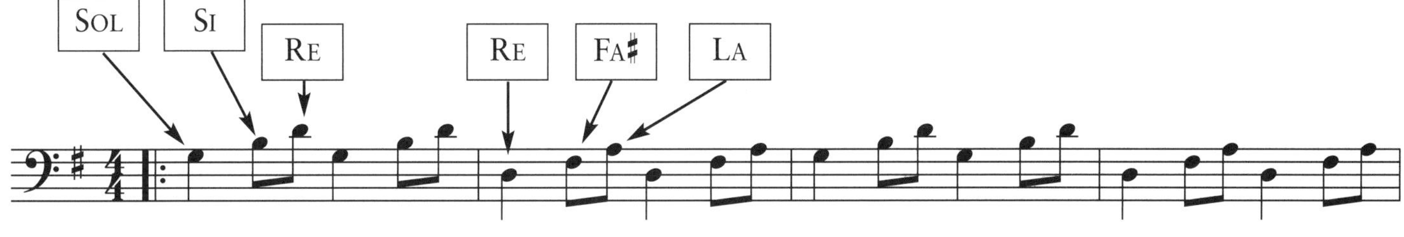

¡Fácil! ¿Opina?

19 EL CHA CHÁ (GRUPO)

Este tipo de bajeo se puede hacer en todos los tonos.
Por ejemplo si quieres tocar esta misma canción pero en Do, ¿Cómo lo harías? ¿o en Fa? ¿o en Mi?
Lee las páginas 70 y 71 para poder tener idea de cómo hacerlo.
Recuerda que la música es infinita y si quieres aprender más, estudia más.

20 TODO POR TI

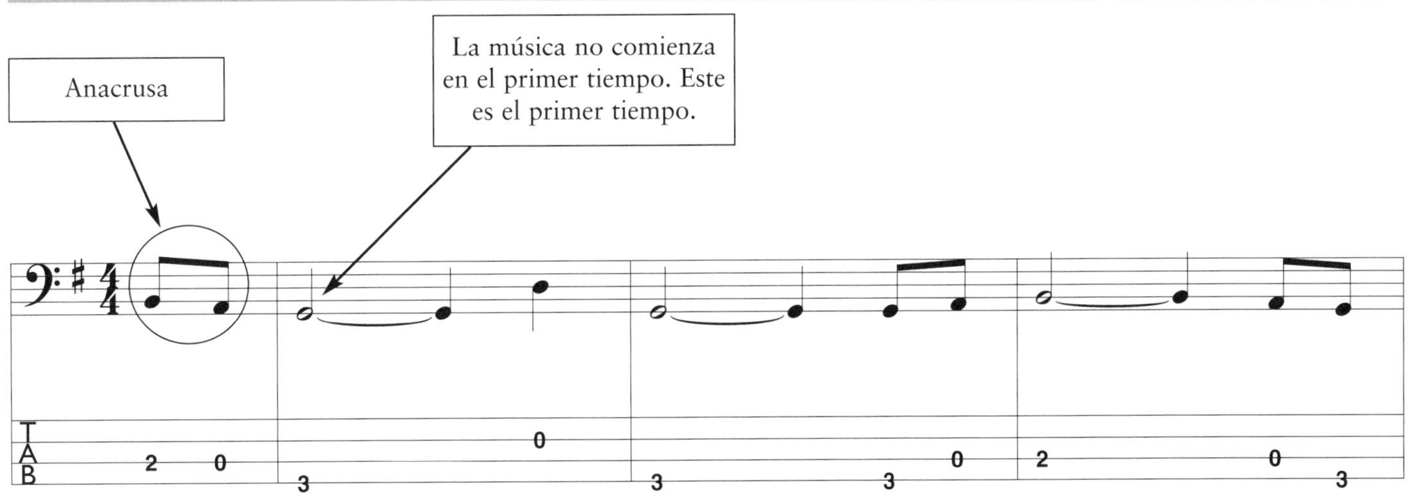

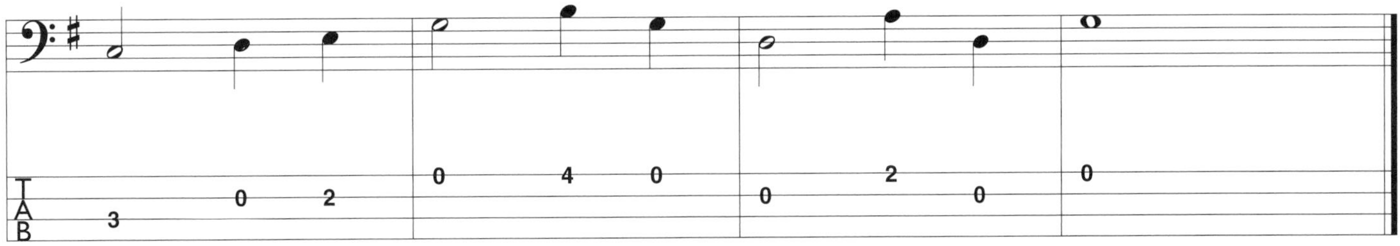

ANACRUSA

La anacrusa ocurre cuando la música no comienza en el primer tiempo. Empiezas a contar y comienzas a tocar antes del primer tiempo del siguiente compás.

Estas son las notas que vas a usar para tocar el bajo en la baladita romántica. Tócalo para que se oiga bonito.

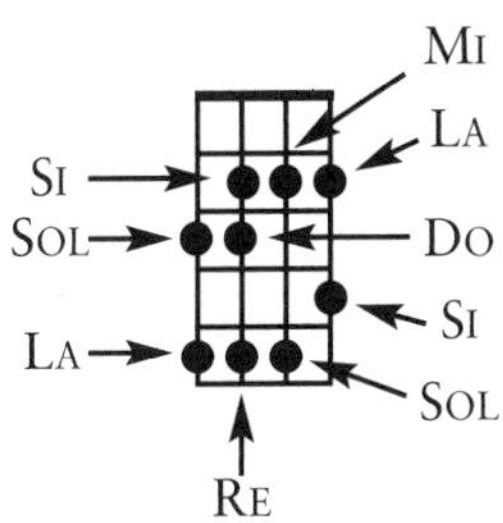

21 TODO POR TI (GRUPO)

Cuando lees música, viendo la partitura general, es como probar una comida, con la receta exacta de los ingredientes. Si a uno le gustó la comida, es muy fácil volverla a hacer. Pero si no vemos la receta, solamente vamos a estar adivinando lo que tiene. Ocurre lo mismo con la música. Sin ver las notas, sólo adivinamos lo que es. Si todavía no hemos desarrollado el oído musical, no vamos a saber cuáles notas son. Por eso es bueno acostumbrarse a leer la música, escuchar y ver las notas al mismo tiempo. Si lo haces vas a aprender música mucho más rápido.

Negra Con Puntillo

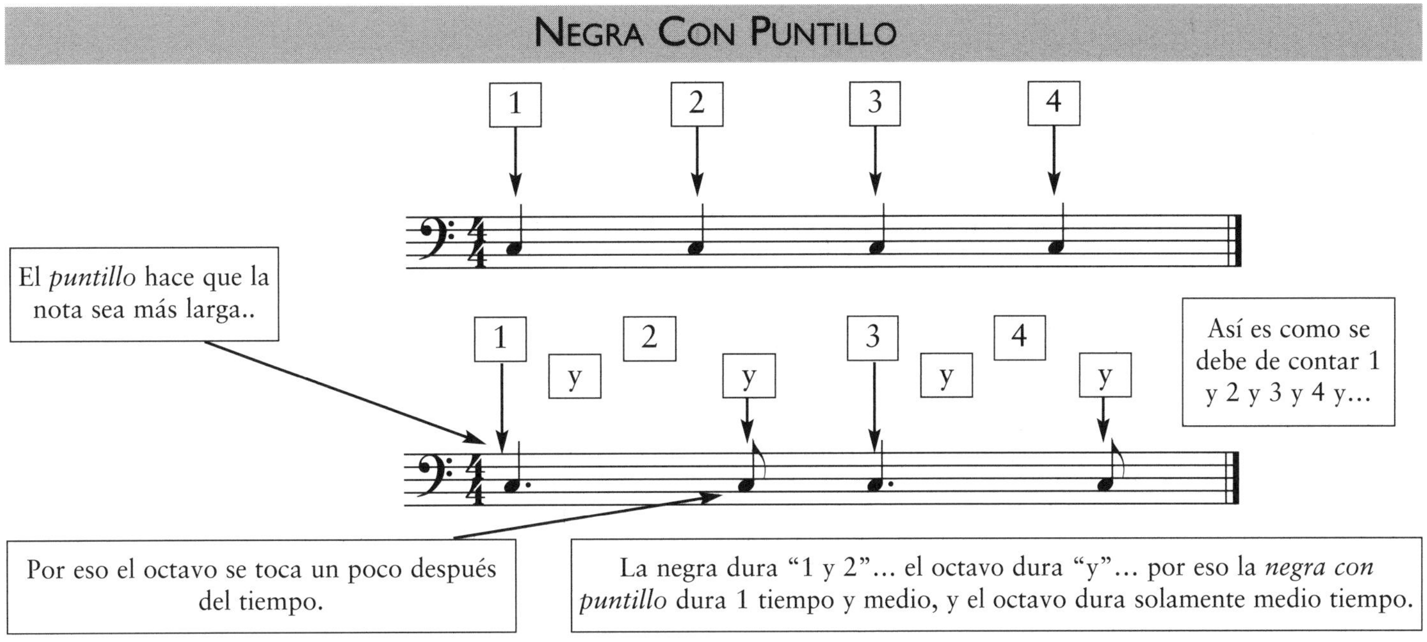

22 No Comprendo

El título de la canción es "No comprendo." Creo que para estas alturas, ya comprendes muy bien lo que debes hacer. Conoces la ligadura, que alarga el sonido. Ya sabes lo que es la anacrusa, cuando empiezas antes del primer tiempo. Ya has visto el ritmo de negra con puntillo. Comprendes lo que son las notas, los tiempos, etc. Entonces, ¡a tocar esta canción! Estoy seguro que puedes decir: «sí comprendo».

Trata de acostumbrarte a leer las notas. Esto que pongo es una ayuda, pero más adelante o en otros libros no lo vas a encontrar. Lee las notas y sigue el ritmo contando y pronto vas a aprender a leer música como se debe, recuerda que la música es universal y si aprendes a leerla vas a poder leer cualquier cosa escrita. ¿Te das cuenta como se toca esta canción con sólo 6 notas diferentes?

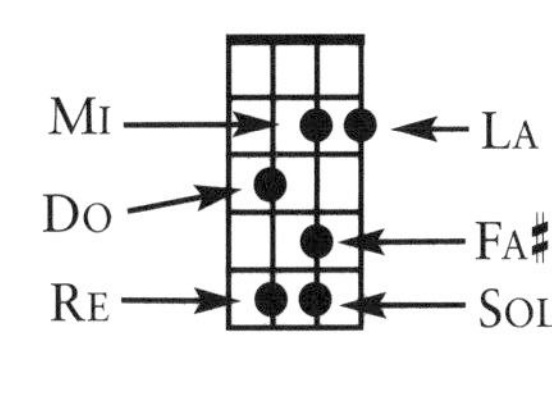

24 CÍRCULO DE DO

Un *circulo* es una *progresión*; es decir un acorde y luego otro y otro y otro, así, hasta repetir el primero otra vez. El círculo de DO es muy común, y se usa en miles de canciones. Toca estos acordes en este orden y verás que la progresión se parece a muchas canciones que ya has oído.

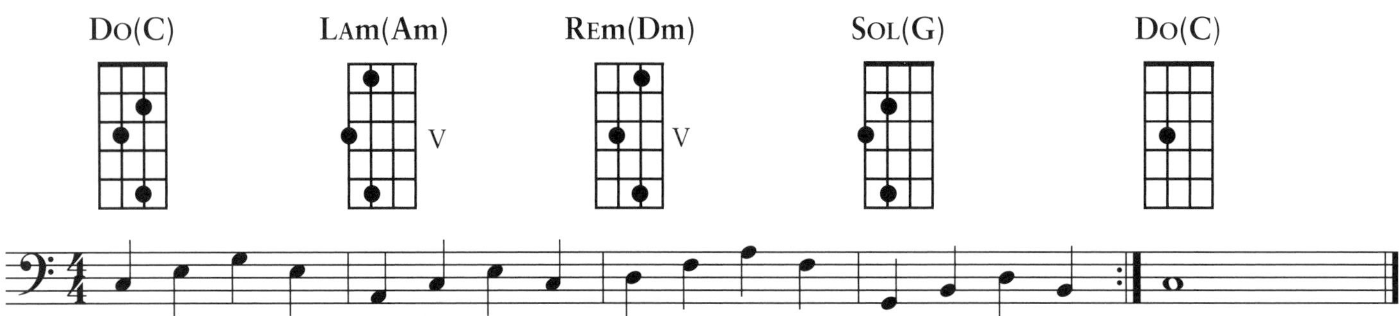

23 NO COMPRENDO (GRUPO)

C D7 G

D7 G

25 LA ESCALA DE RE

Así se forma la escala de RE mayor. Tomas como base la escala de SOL mayor, y la divides en dos poniendo las ultimas 4 notas en otro pentagrama más arriba. En el segundo pentagrama le agregas 4 notas para tener 8 notas, de RE a RE. El orden tiene que ser el mismo en las dos escalas, por eso, tienes que agregar el ♯ (sostenido) al DO, para que tenga el mismo orden. Entonces resulta una nota nueva: el DO♯ (DO sostenido).

**Nota*: Fíjate que el RE en la escala de SOL, está en la cuarta línea. Pero al pasarla a la escala de RE, la pongo debajo de las 5 líneas. Eso es sólo para que las notas queden dentro del pentagrama.

26 BACH NORTEÑO

Ya estás adelantando. Esto quiere decir que ahora las canciones serán un poco más largas y con más notas. Esta canción está en el tono de DO. ¡Dale duro y practica mucho!

Esta canción se compuso hace más de 300 años y todavía se toca. ¿Opina?

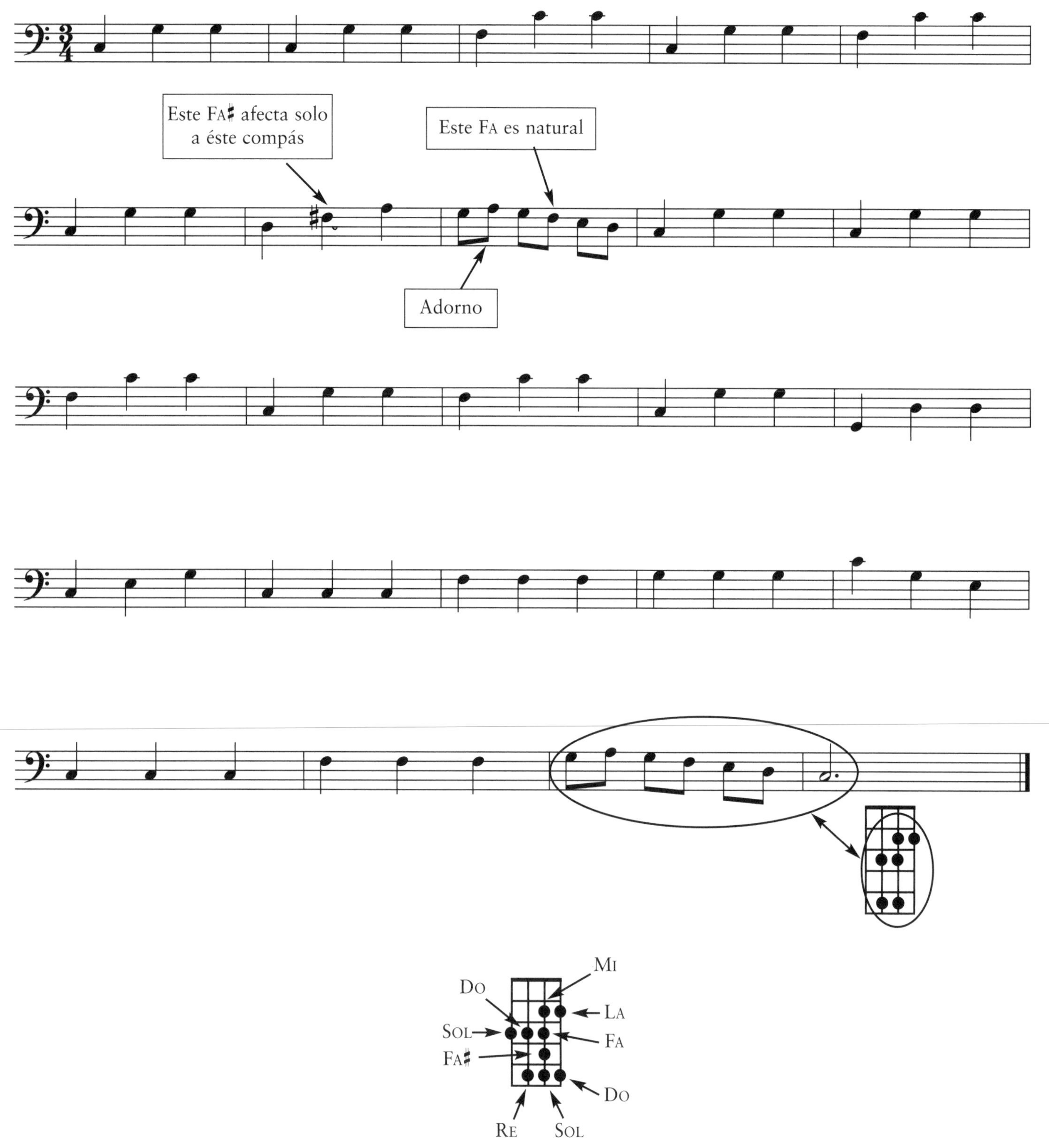

27 BACH NORTEÑO (GRUPO)

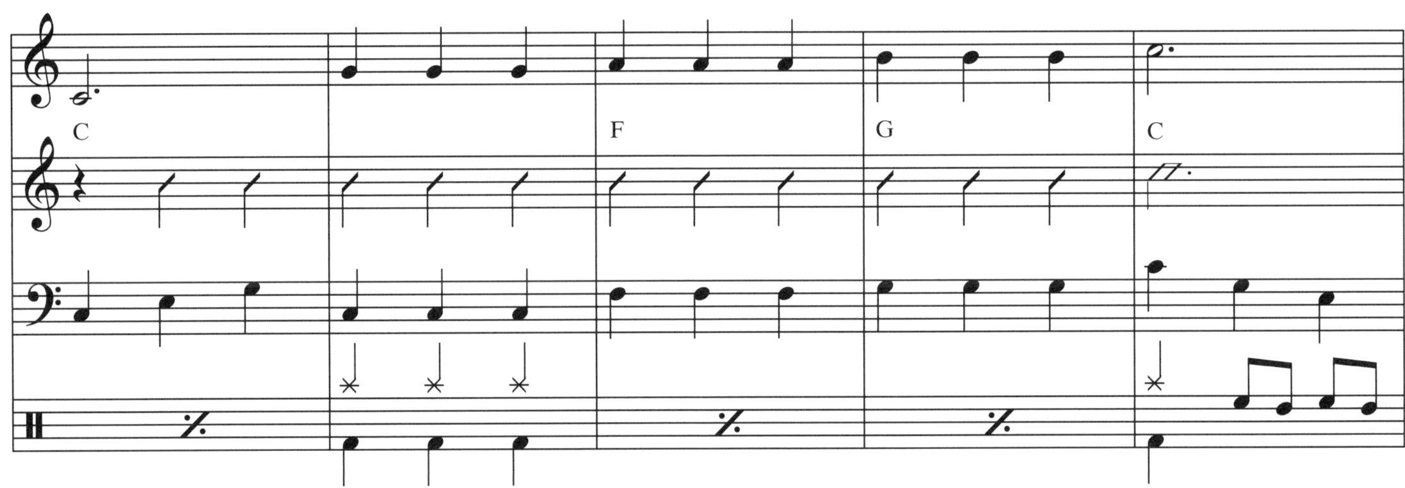

¿Te das cuenta como cada vez es más fácil leer las notas y ver la partitura completa? No es tan difícil como pensabas, ¿verdad? Bueno, pues esto es lo que te va a enseñar a oír y leer música y, por supuesto, a tocar. Trata de tocar con tu instrumento la melodía y las notas de todos los demás. Para la batería puedes hacer el sonido con la voz. ¡Recuerda escuchar el CD una y otra vez.

28 CÍRCULO DE SOL

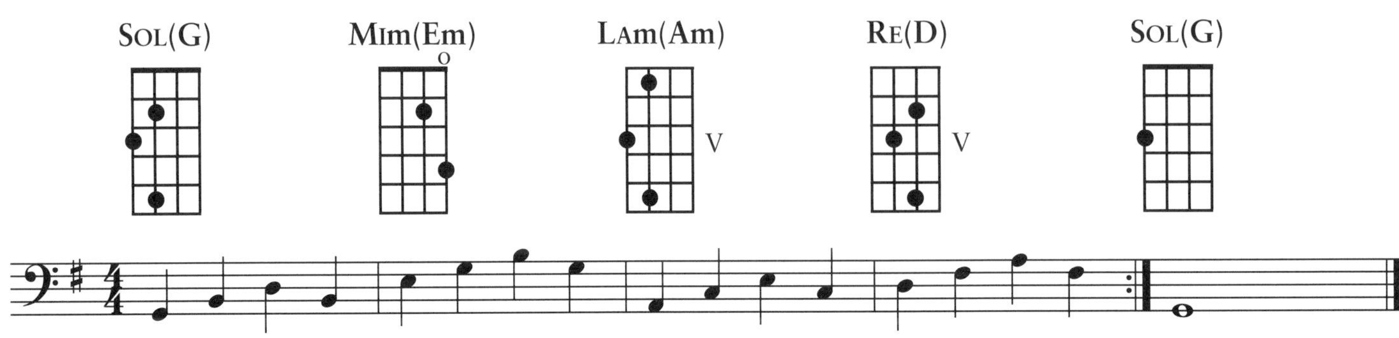

29 UN VELERO EN CHAPALA

No hay mucho que decir en esta canción. Eso quiere decir que ya sabes bastante de bajo. Toca a tiempo y con un sonido claro. Presta atención al ritmo de negra con puntillo. Toca para que se oiga parejo. Toca junto con el CD y si tienes amigos que quieran formar un grupo, mejor todavía. ¡Así puedes tocar en directo!

30 UN VELERO EN CHAPALA (GRUPO)

Ésta es la partitura completa de la canción. Analízala y trata de ver lo que hace cada uno de los instrumentos. Sigue con la vista cada uno de ellos y escucha el CD muchas veces.

31 LA ESCALA DE LA

Así se forma la escala de LA mayor. Tomas como base la escala de RE mayor, (pág. 33), y la divides en dos. Pones las últimas 4 notas en otro pentagrama más arriba. En el segundo pentagrama le agregas 4 notas para tener 8 notas, de LA a LA. El orden tiene que ser el mismo en las dos escalas, por eso tienes que agregar el ♯ (sostenido) al SOL, para que tenga el mismo orden. Entonces resulta una nota nueva: el SOL♯ (SOL sostenido).

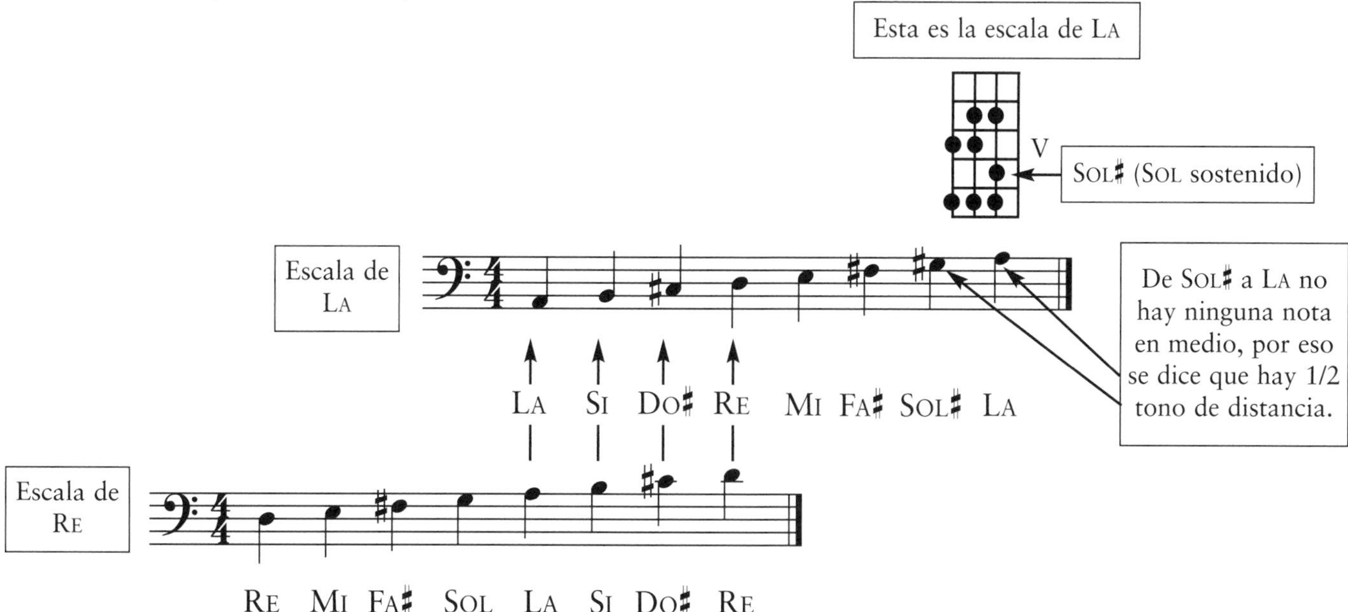

32 VOLVERÉ OTRA VEZ

Aquí se usa el círculo de SOL. Cada 4 compases la música es un poco diferente, va variando el ritmo. A este tipo de música se le llama *variaciones* y es muy popular en la música. A estas alturas ya debes de conocer perfectamente lo que tienes que hacer. ¡Practica mucho!

33 VOLVERÉ OTRA VEZ (GRUPO)

Este es un buen ejemlpo de *variaciones*, escuchala varias veces y despues tu vas a poder tocar melodias diferentes a las que estan qui.

¡Felicidades por llegar hasta aqui...!

34 CÍRCULO DE LA

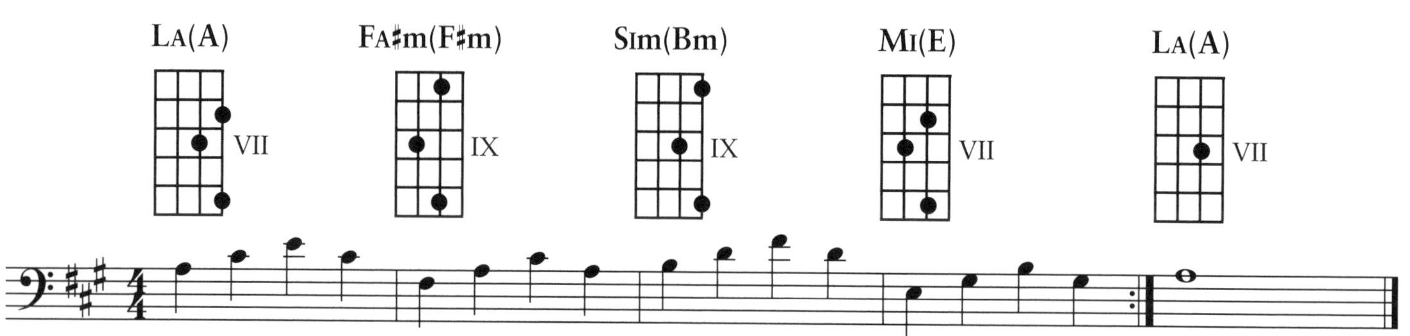

35 EL *ROCK* DE LA ESCUELA

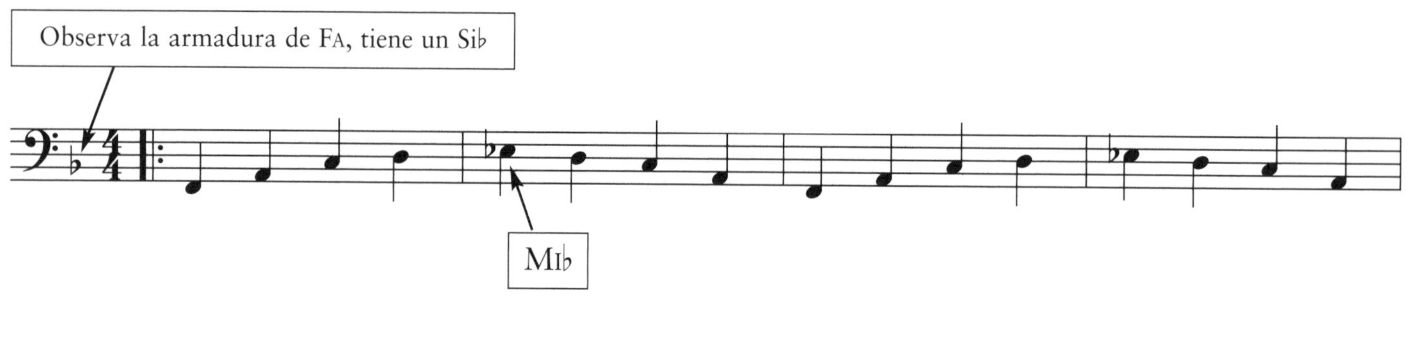

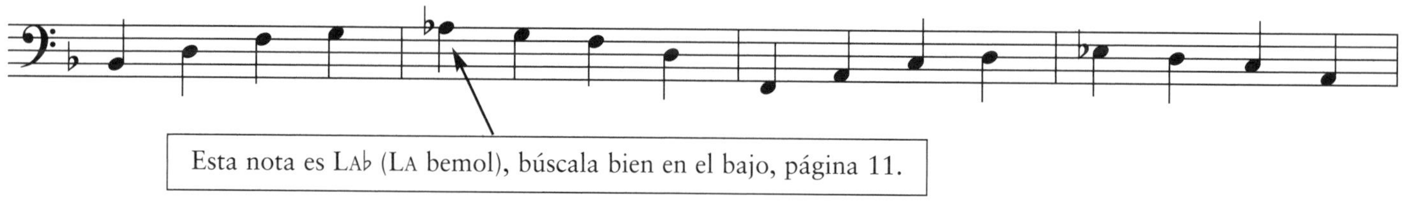

Recuerda las casillas de repetición. Este bajeo va «caminando» en inglés le llaman *walking bass*, es muy común en este estilo de rock. Recuerda que la canción se repite. Escucha el CD y prepárate para la siguiente lección que trata de la velocidad.

36 EL *ROCK* DE LA ESCUELA (GRUPO)

Como puedes ver, ya vas muy adelantado. ¿Verdad que no te imaginabas que ibas a leer y entender la música tan rápidamente? ¡Atrévete con la siguiente lección sobre la velocidad!

VELOCIDAD

Cualquier persona puede tocar un instrumento musical. Cualquiera puede tocar la canción más difícil del mundo siempre y cuando la canción se toque de forma exageradamente *lenta*. El problema está cuando hay que tocarla *a la velocidad que indica el tiempo*. La *velocidad* es un factor muy importante cuando se quiere tocar un instrumento. La única manera de obtener velocidad es a través de la *repetición* y la *práctica*.

Ya debes de poder tocar más o menos bien las siguientes canciones. Vamos a poner la canción *lenta* primero con el instrumento solo, y luego *lenta* con el grupo. Después viene la canción *rápida* con el instrumento solo, y por último *rápida* en grupo. De esa forma vas a notar que a medida que la velocidad sube, cuesta más trabajo tocar la canción. Algunas canciones se van a oír mejor rápido que lento, o al revés. La idea es que toques lo mismo de las dos maneras para que notes la diferencia.

Otro punto importante de esta lección son los *ritmos diferentes*, es decir: *norteño*, *rock*, *balada*, *banda*, *mariachi* y *grupero*. De esa manera, puedes ver qué diferente es el uno del otro, y como tocar cada uno de ellos. Fíjate que algunas veces para que una canción se oiga más «completa» utilizas más instrumentos. En los estudios de grabación se puede «doblar» un instrumento; lo cual quiere decir que una persona toca un instrumento para que luego la misma persona toque en otro canal el mismo instrumento, así se oyen los dos instrumentos tocados por una sola persona. En esta lección tocas una vez con un instrumento y luego con otro. De esa forma, puedes tocar casi todo lo que hay en la canción.

Improvisa; inventa cosas de acuerdo a lo que sabes. *Experimenta* con los ritmos y las melodías. Trata de tocar diferentes melodías en la misma canción. Por supuesto no olvides *¡Practicar, Practicar y Practicar!*

ACENTOS

Los *acentos* en la música quiere decir que el ritmo se corta en lugares adecuados para darle más importancia a ciertas partes de la música. En este compás de 4/4 por ejemplo hay un silencio en el segundo tiempo.

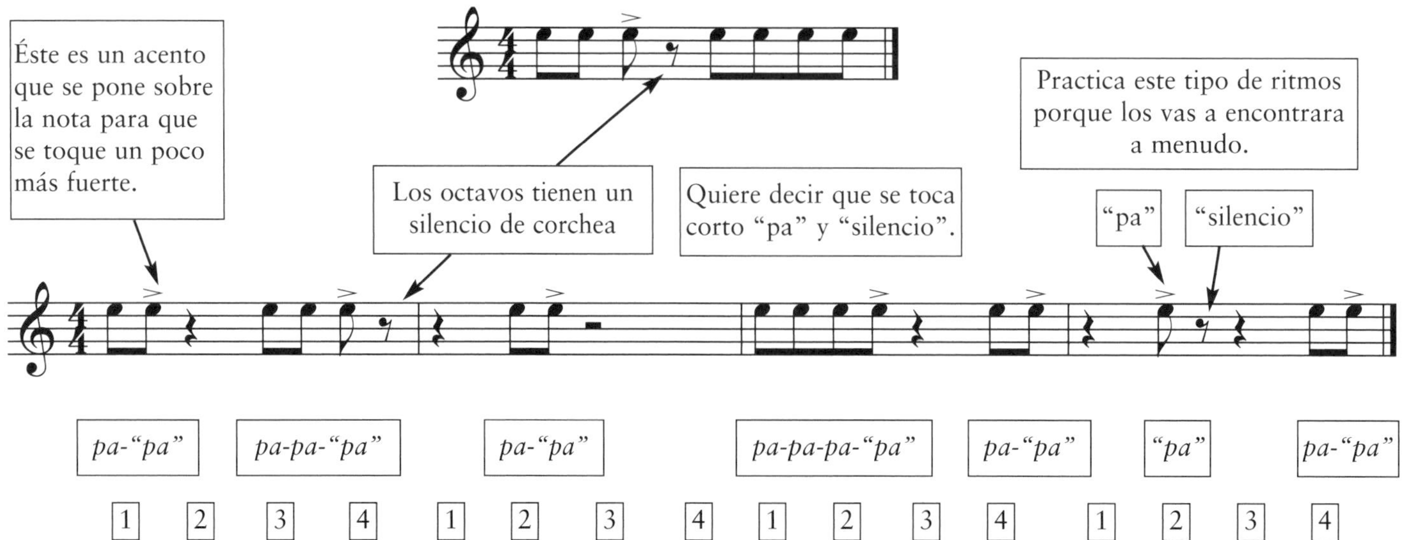

37 39 NORTEÑA DE MIS AMORES

Vas a tocar esta canción dos veces. Una vez despacio a baja velocidad, más o menos a 114 del metrónomo. Toca despacio primero para que sientas el ritmo y lo toques bien. Después que la hayas tocado bien varias veces, la vas a tocar más rápido, a 170. Vas a notar como te cuesta un poco más de trabajo, lo que es normal. Cuanto más rápido toques una canción, más trabajo te cuesta porque los dedos tienen que moverse con mayor rapidez. Si practicas mucho lo podrás tocar fácilmente.

Vas a tocar todas las canciones que siguen dos veces; una vez lento y otra rápido. Vas a ver como tocas mejor cada vez. *¡Sigue con la práctica!*

38 40 NORTEÑA DE MIS AMORES (GRUPO)

A

A7
D

E
A

Los dos temas musicales del CD muestran la misma música. Una vez es a una velocidad de 114 y la otra a 170, pero es la misma música.

41 LA ESCALA DE FA

Así se forma la escala de FA mayor. Tomas como base la escala de DO mayor, y la divides en dos. Pones las primeras 4 notas en otro pentagrama más abajo. En el segundo pentagrama le agregas 4 notas para abajo para completar 8 notas, de FA a FA. El orden tiene que ser el mismo en las dos escalas, por eso tienes que agregar el ♭ (bemol) al SI, para que tenga el mismo orden. Entonces resulta una nota nueva: el SI♭ (SI bemol).

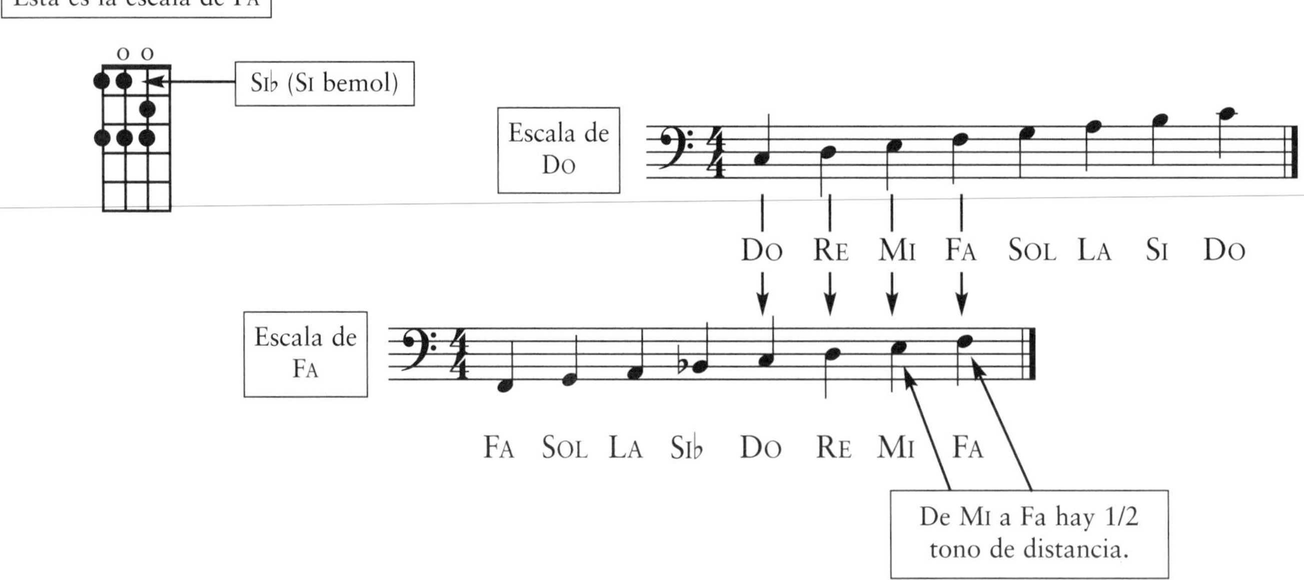

42 44 EL *ROCK* DE LA PIEDRA

Esta nota no se toca.

El bajeo aquí es rítmico, o sea cortante. Toca fuerte el bajo para conseguir el carácter de la canción.

TEMA MUSICAL 42: Velocidad de 120 el puro bajo solo.

TEMA MUSICAL 43: La misma velocidad pero ahora junto con el grupo.

TEMA MUSICAL 44: Velocidad de 153, es el mismo bajeo pero más rápido

TEMA MUSICAL 45: Velocidad de 153, ahora todo el grupo en velocidad rápida.

Si lograste tocar esta canción completa, ¡Te Felicito!

Y si te cuesta trabajo, repasa las canciones anteriores y toca mucho esta canción.

43 45 EL *ROCK* DE LA PIEDRA (GRUPO)

1.
2.

46 LA ESCALA DE SI♭

Así se forma la escala de SI♭ mayor. Tomas como base la escala de FA mayor y la divides en dos. Pones las primeras 4 notas en otro pentagrama más abajo. En el segundo pentagrama le agregas 4 notas para abajo, lo que hacen 8 notas; de SI♭ a SI♭. El orden tiene que ser el mismo en las dos escalas, por eso tienes que agregar el ♭ (bemol) al MI, para que tenga el mismo orden. Entonces resulta una nota nueva: el MI♭ (MI bemol).

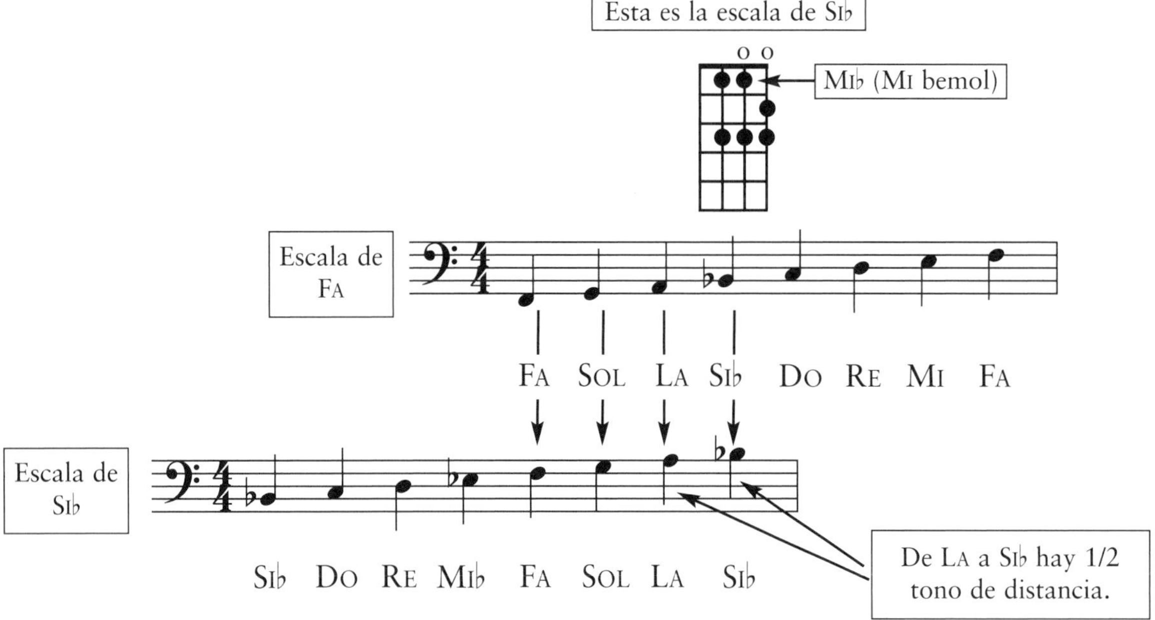

47 49 SI TE TUVIERA

Escucha bien este ritmo en el CD fíjate como va rapidita la nota "LA".

Velocidad de esta canción: 93

Estos son 2 dieciseisavos = a 1 corchea

Importante: Recuerda que siempre que vayas a tocar una canción debes saber en qué tono está. Esta canción está en RE mayor, todos los FA y DO son sostenidos (FA♯, DO♯).

48 50 SI TE TUVIERA (GRUPO)

vio.
pno.
gui.
bajo
bat.

vio.
pno.
gui.
bajo
bat.

Fíjate que en esta partitura, hay más pentagramas porque hay más instrumentos y el piano ocupa 2 pentagramas (mano derecha y mano izquierda). Lee con atención y practica leyendo muchas veces.

¡Felicidades a todos los que han llegado hasta este nivel!

51 53 VOLVERÉ CON LA BANDA

Como hablamos de la velocidad en las canciones, vas a tocar esta canción de banda. Primero a 170 de velocidad, para que sientas el ritmo y la puedas tocar bien. Después, en el tema musical Nº 52 del CD, la tocas a 170 igual, pero con toda la banda. Más adelante en el tema musical Nº 53, la vuelves a tocar, pero esta vez a 222. Puedes comprobar que incluso siendo la misma canción, cuesta más trabajo tocarla porque va más rápido. Recuerda que debes tener paciencia y practicar una y otra vez para poder tocar muchas canciones.

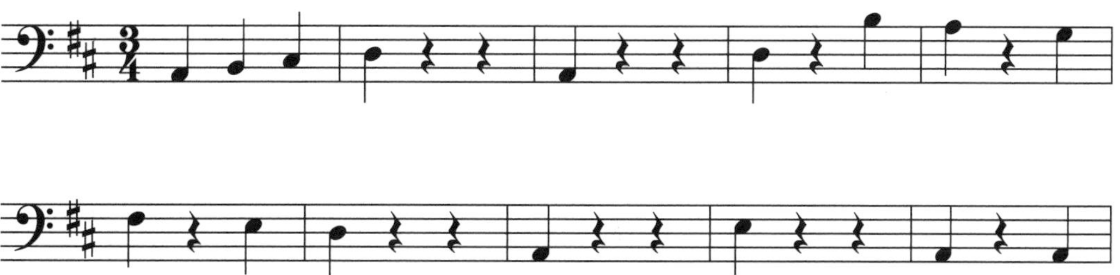

Este ritmo es muy fácil, es el «chun-ta-ta». Tienes que tener un poco de oído para saber cuándo cambiar de acorde, porque si solamente cuentas, te puedes confundir. Escucha bien la melodía y sabrás cuándo cambiar de acorde.
Cambia de *acorde* solamente y no cambia de *tono*. Una cosa es cambiar de acorde y otra es cambiar de tono. Toda la canción está en el tono de RE, pero usa varios acordes. Por eso cambia a varios acordes pero dentro del mismo tono.

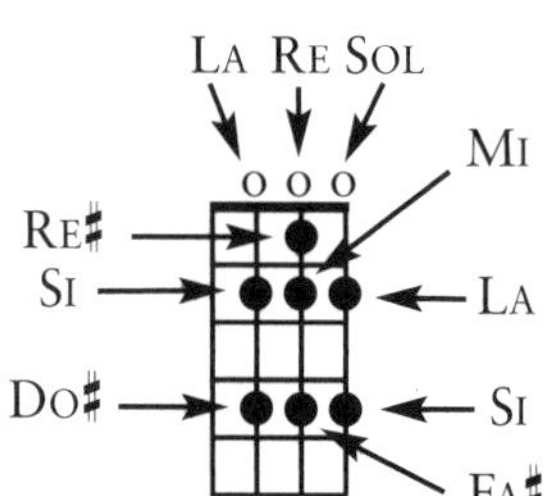

Estas son las notas que vas a usar para este bajeo. Estúdialas bien y toca la escala de RE para que practiques. Si te fijas son las notas de la escala de RE. Sólo la nota de RE♯ esta fuera de la escala. A esa nota se llama nota de paso. Otro detalle es los dos MI que hay. Una nota más fácil de tocar que otra de acuerdo a la posición y el bajeo. Practica con las dos formas de tocar la nota y te darás cuenta. La música es muy lógica y fácil de entender.

52 54 VOLVERÉ CON LA BANDA (GRUPO)

En esta parte está todo el arreglo de la canción, para que veas como se hace un arreglo de banda. El bajo lleva el ritmo melódico. Es relativamente fácil, pero trata de que cada nota se oiga clarita y al tiempo que se indica. Trata de no correr, toca toda la canción a la misma velocidad y siente el ritmo. La música de banda es muy linda, así que asegúrate de tocar bien esta canción. Estoy seguro de que la vas a disfrutar. Recuerda, toca una vez lento a 170 y la otra rápido a 222.

Trata de seguir la música con los ojos, al mismo tiempo que oyes, las notas. Te garantizo que ese tipo de lectura te va a dar mucho conocimiento sobre la música. Intenta hacerlo varias veces y notarás la diferencia.

D

A
D

G

A D

A

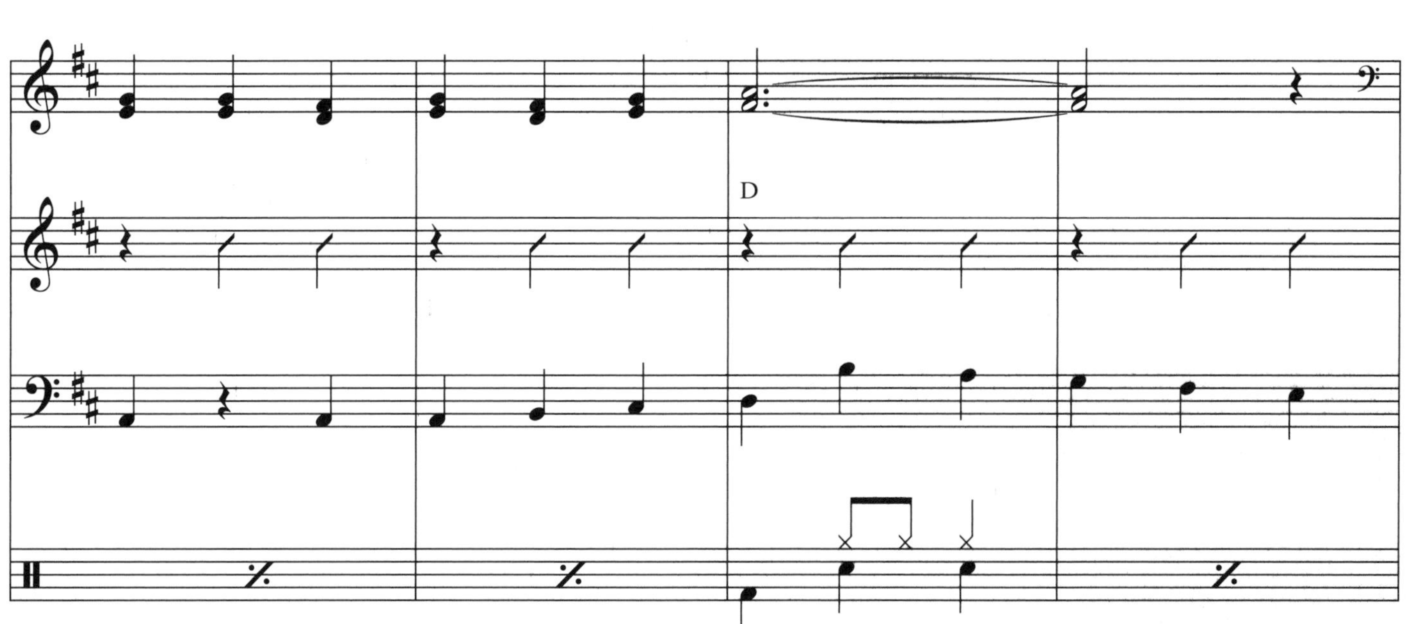

D7 G

A D

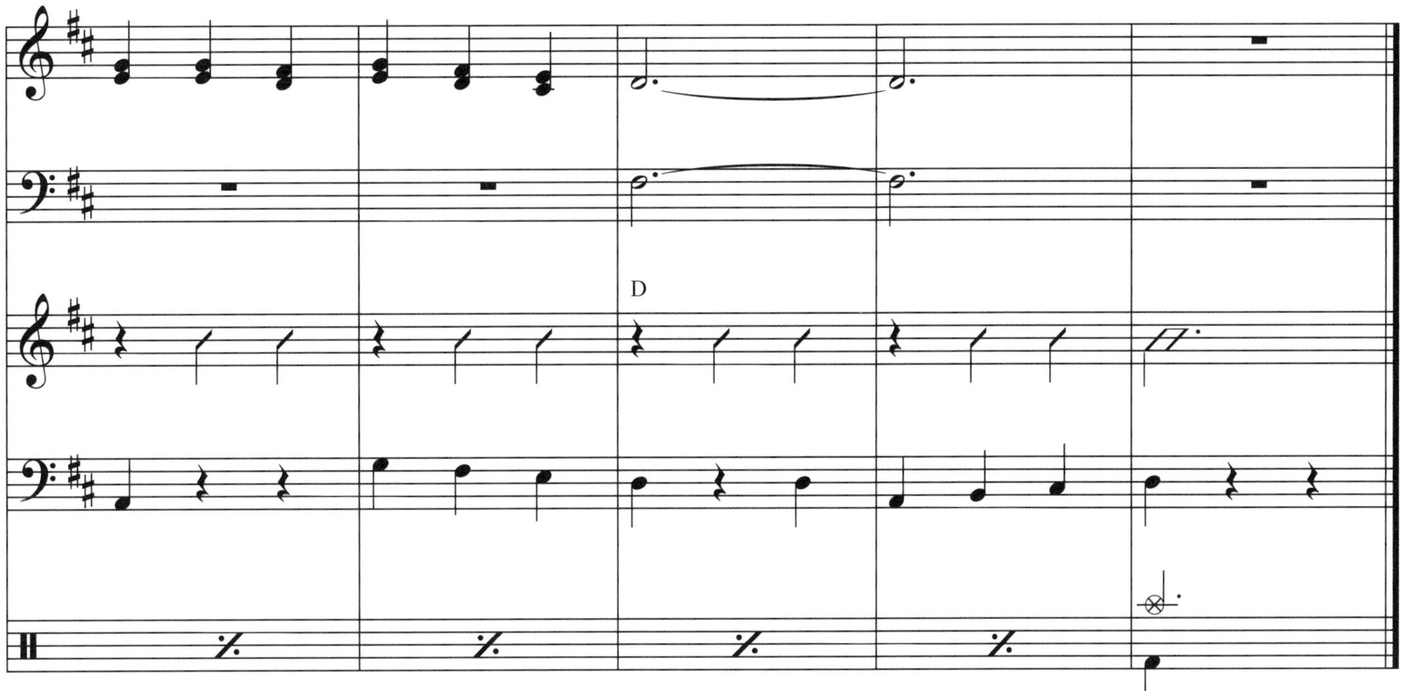

Practicar es la mejor forma de aprender música.

¿Opina? Que bonita es la música verdad?

55 LA ESCALA DE MI

Así se forma la escala de MI mayor. Tomas como base la escala de LA mayor, y la divides en dos. Pones las ultimas 4 notas en otro pentagrama más arriba. En el segundo pentagrama le agregas 4 notas para tener 8 notas, de MI a MI. El orden tiene que ser el mismo en las dos escalas, por eso tienes que agregar el ♯ (sostenido) al RE, para que tenga el mismo orden. Entonces resulta una nota nueva: el RE♯ (RE sostenido).

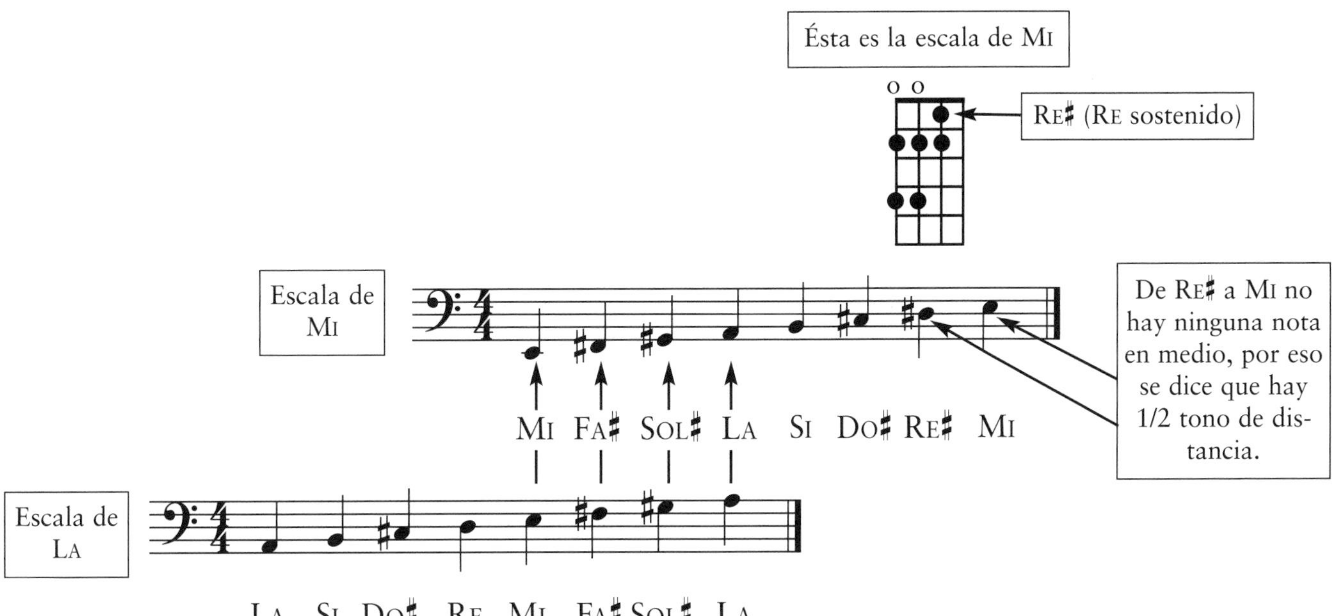

56 58 UN BOLERITO PARA TI

Este tipo de bajeo es uno de los más clásicos que hay en el bolero. Escucha el CD y le vas a entender mejor, recuerda tocar las notas bien clarito todo el tiempo.

57 59 UN BOLERITO PARA TI (GRUPO)

vio.
trp.
gui.
bajo
bat.
Bm
E
A
F♯m
Bm
E
A
F♯m

vio.
trpt.
gui.
bajo
bat.
Bm
E
A
F♯m
Bm
E
A

Ya se ven más familiares estas partituras ¿verdad? Se hace más fácil conforme las vas viendo y oyendo más y más. *¡Muchas felicidades por llegar hasta aquí!*

Recuerda que esta lección es de velocidad. Tócala primero lentamente, para que sientas el ritmo y puedas mover los dedos bien. Después tócala rápidamente. Haz lo mismo con la canción que le sigue.

¡No te olvides de practicar todas las escalas del libro todos los días!

CONSEJO

Practica todas las escalas de este libro todos los días.

Cada cuerda y cada nota se deben escuchar clarito.

Después de unos meses vas a notar la gran diferencia.

60 LA ESCALA DE MI♭

Así se forma la escala de MI♭ mayor. Tomas como base la escala de SI♭ mayor, y la divides en dos. Pones las ultimas 4 notas en otro pentagrama más abajo. En el segundo pentagrama le agregas 4 notas para tener 8 notas, de MI♭ a MI♭. El orden tiene que ser el mismo en las dos escalas, por eso tienes que agregar el ♭ (bemol) al LA, para que tenga el mismo orden. Entonces resulta una nota nueva: el LA♭ (LA bemol).

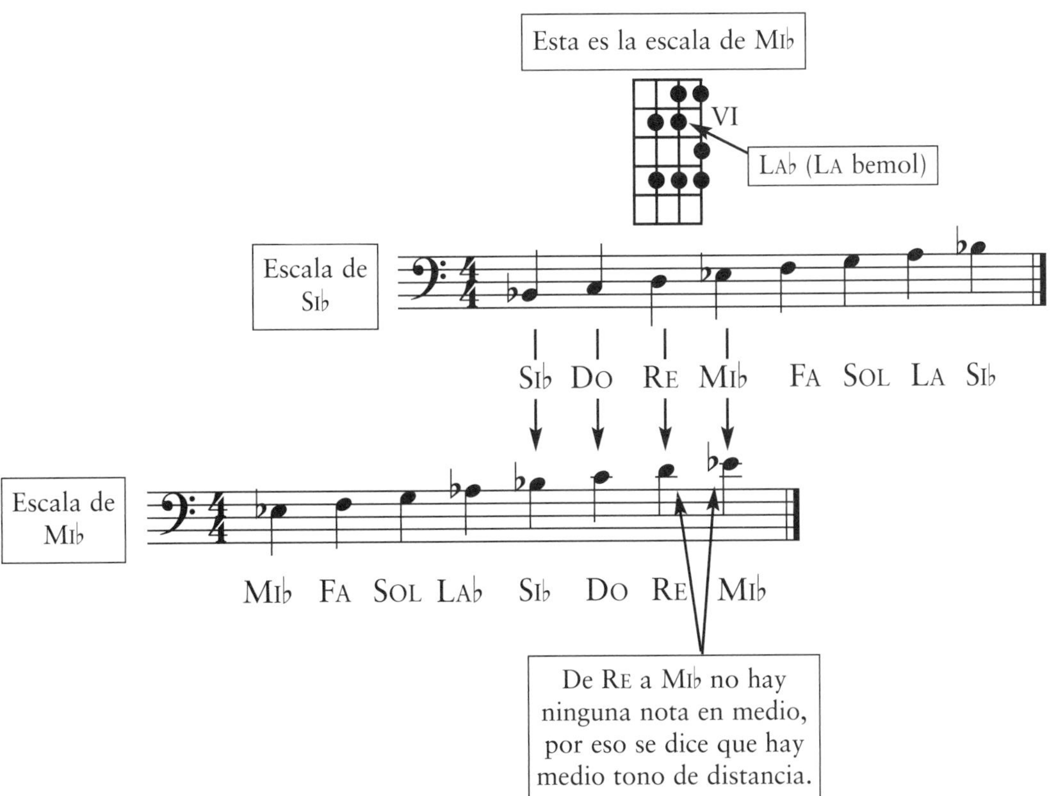

61 63 ENAMORADO DE TI

Ten cuidado aquí con las semicorcheas. Son un poco más rápidas que las corcheas. Escucha el CD para que sepas como va. Observa que el ritmo es muy claro. Este tipo de ritmos se usa mucho en canciones, recuerda que cada nota se debe oir bien clarito.

62 64 ENAMORADO DE TI (GRUPO)

grp.
pno.
D
G
A
D
gui.
bajo
bat.

grp.
pno.
gui.
bajo
bat.

65 LA ESCALA DE LA♭

Así se forma la escala de LA♭ mayor. Tomas como base la escala de MI♭ mayor, y la divides en dos. Pones las primeras 4 notas en otro pentagrama más abajo. En el segundo pentagrama le agregas 4 notas para tener 8 notas, de LA♭ a LA♭. El orden tiene que ser el mismo en las dos escalas, por eso tienes que agregar el ♭ (bemol) al RE, para que tenga el mismo orden. Entonces resulta una nota nueva: el RE♭ (RE bemol).

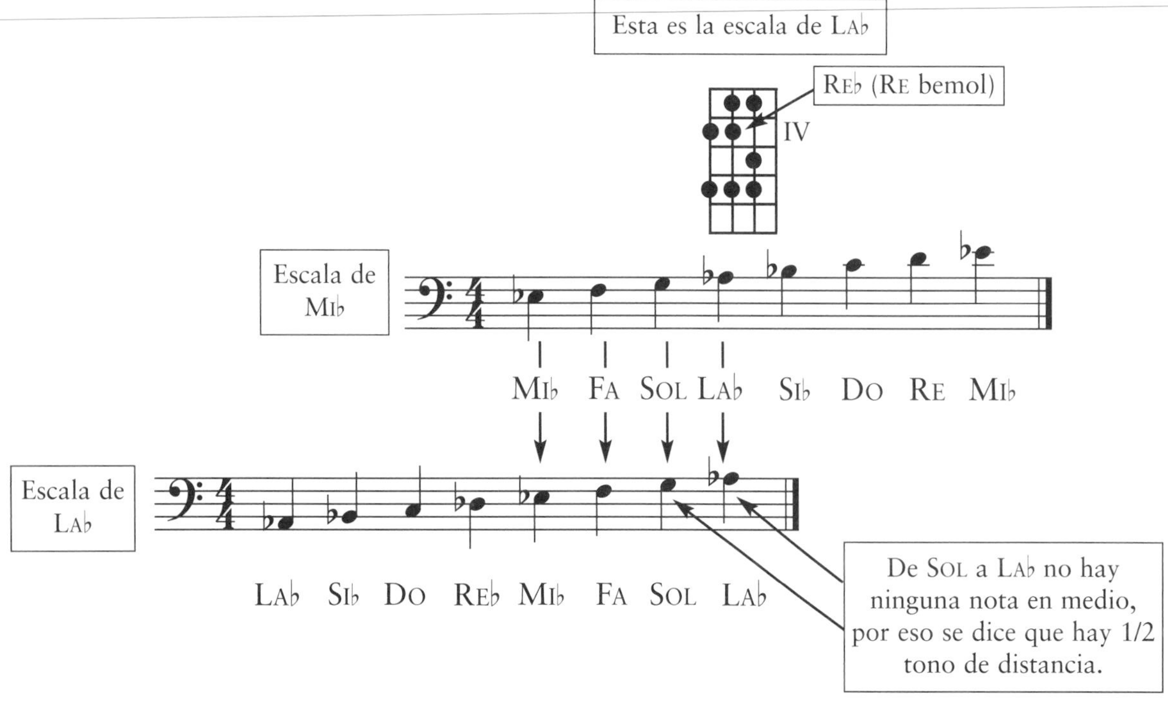

66 LA ESCALA DE RE♭

Así se forma la escala de RE♭ mayor. Tomas como base la escala de LA♭ mayor, y la divides en dos. Pones las primeras 4 notas en otro pentagrama más abajo. En el segundo pentagrama le agregas 4 notas para tener 8 notas, de RE♭ a RE♭. El orden tiene que ser el mismo en las dos escalas, por eso tienes que agregar el ♭ (bemol) al SOL, para que tenga el mismo orden. Entonces resulta una nota nueva: el SOL♭ (SOL bemol).

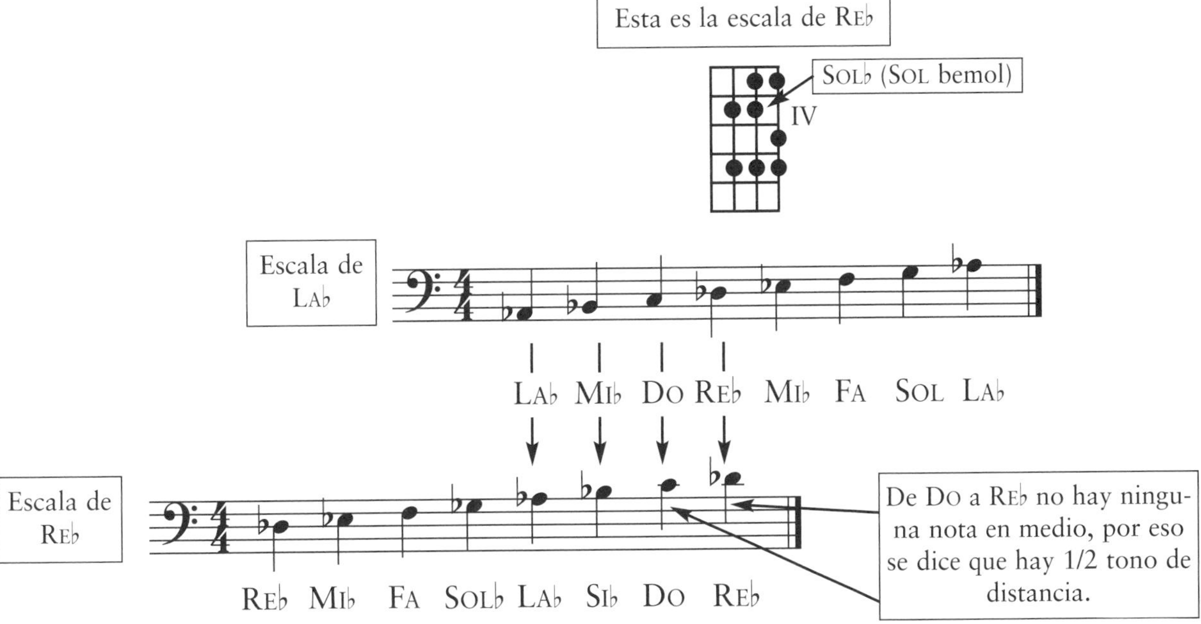

67 LA ESCALA DE SI

Así se forma la escala de SI mayor. Tomas como base la escala de MI mayor, y la divides en dos. Pones las primeras 4 notas en otro pentagrama más arriba. En el segundo pentagrama le agregas 4 notas para tener 8 notas, de SI a SI. El orden tiene que ser el mismo en las dos escalas, por eso tienes que agregar el ♯ (sostenido) al LA, para que tenga el mismo orden. Entonces resulta una nota nueva: el LA♯ (LA sostenido).

EPÍLOGO MUSICAL

Te voy a dar algunos últimos consejos para tocar el bajo muy fácilmente. ¡Fíjate bien!

Con este tipo de bajeo Do-Mi-Sol, puedes acompañar un montón de canciones, sólo cambias el ritmo y listo.

Practica este bajeo de una forma y otra, no tengas miedo en experimentar. Puedes combinar los dedos de la mano izquierda, pero es preferible tocar el Do con el dedo 2, el Mi con el dedo 1 y el Sol con el dedo 4. En la mano derecha usa el pulgar y también el dedo índice y anular. Si golpeas las cuerdas con el dedo gordo de la mano derecha se produce un sonido diferente. Trata varias formas y experimenta. Recuerda tocar el bajo y practicar mucho.

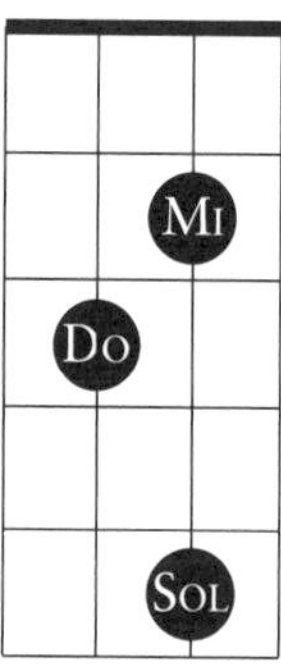

El mismo patrón de los dedos, la misma posición, solo la mueves un traste a la derecha y el sonido se hace mas agudo; o sea, *sube medio tono*, por eso ahora las notas son diferentes. El Do se convierte en Do♯ o Re♭ (recuerda que Do♯ y Re♭ representan el mismo sonido). La nota Mi se convierte en Fa. El Sol pasa a ser Sol♯ o La♭. Los dedos son los mismos y la posición tambien, solo cambia el sonido de las notas y de esa forma ya estas en otro *tono*.

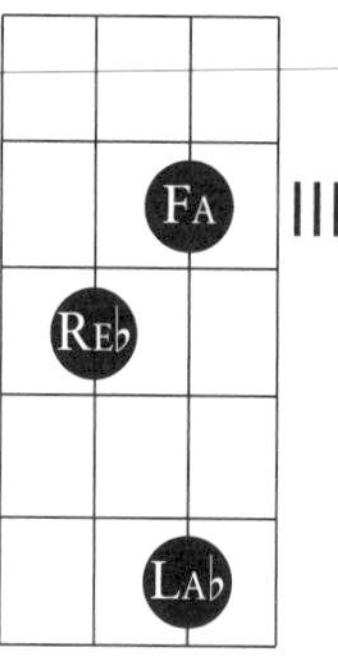

Ahora lo movemos otro traste y ¡ya está!, ya estamos en el tono de RE. ¿Te das cuenta que fácil es tocar el bajo? Por eso es muy importante que sepas el orden de las notas. Por ejemplo, si quieres hacer el mismo bajeo en el tono de FA, cuentas DO, DO♯, RE, RE♯, MI, FA, y hay 6 notas diferentes. Pones el dedo en donde está el DO la posición de DO, cuentas 6 notas para la derecha (o sea el sonido más agudo) y ¡ya está! esa nota será FA y usas la misma posición y estás tocando en FA.

Como ves, es muy importante saber el orden de las notas tanto hacia arriba como hacia abajo. A estas alturas del libro ya lo debes saber, pero por si acaso, te lo voy a escribir otra vez.

DO, DO♯, RE, RE♯, MI, FA, FA♯, SOL, SOL♯, LA, LA♯, SI

DO, SI, SI♭, LA, LA♭, SOL, SOL♭, FA, MI, MI♭, RE, RE♭

Quedamos que este es el *acorde mayor* de DO ¿verdad?

Y ¿cómo se hacen los acordes menores?

Así como las escalas menores, pero aquí te quiero dar una idea, fíjate bien.

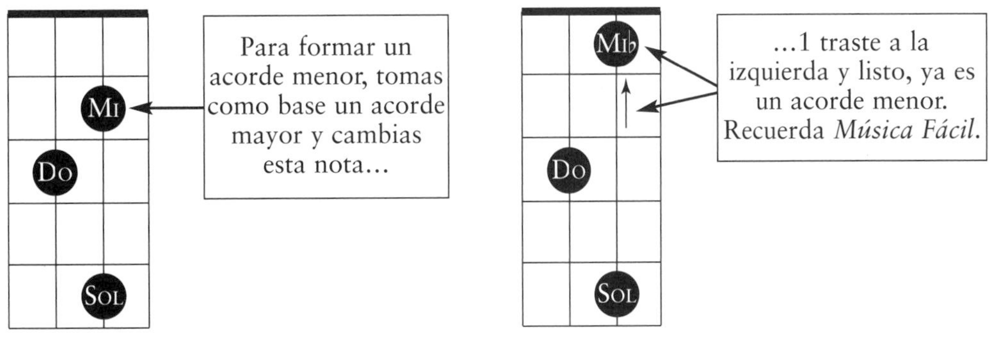

Las demás notas quedan iguales, y eso es todo. Vamos a tratar de cambiar del tono de SOL a SOL menor. Y de RE a RE menor. No creas que es cosa de magia, es solo música.

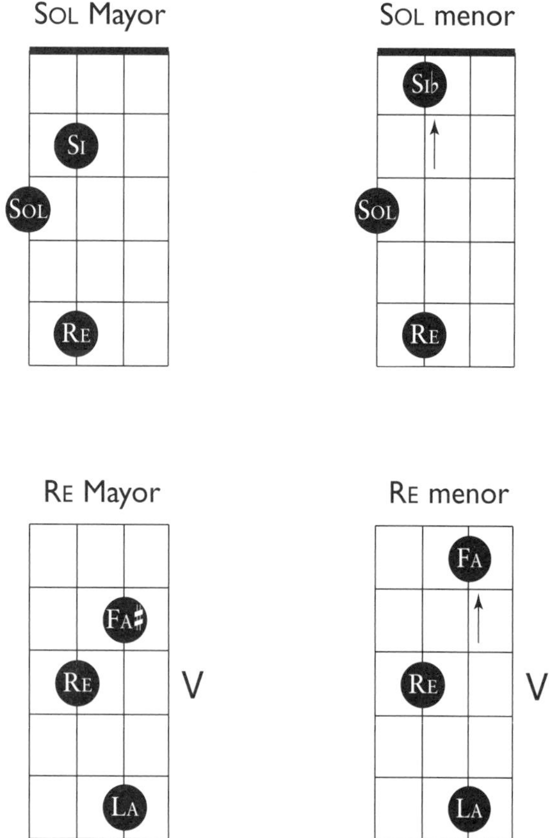

Otra cosa importante son las notas que se repiten, o sea la misma nota se puede tocar en varios sitios. Fíjate en esta escala de MI.

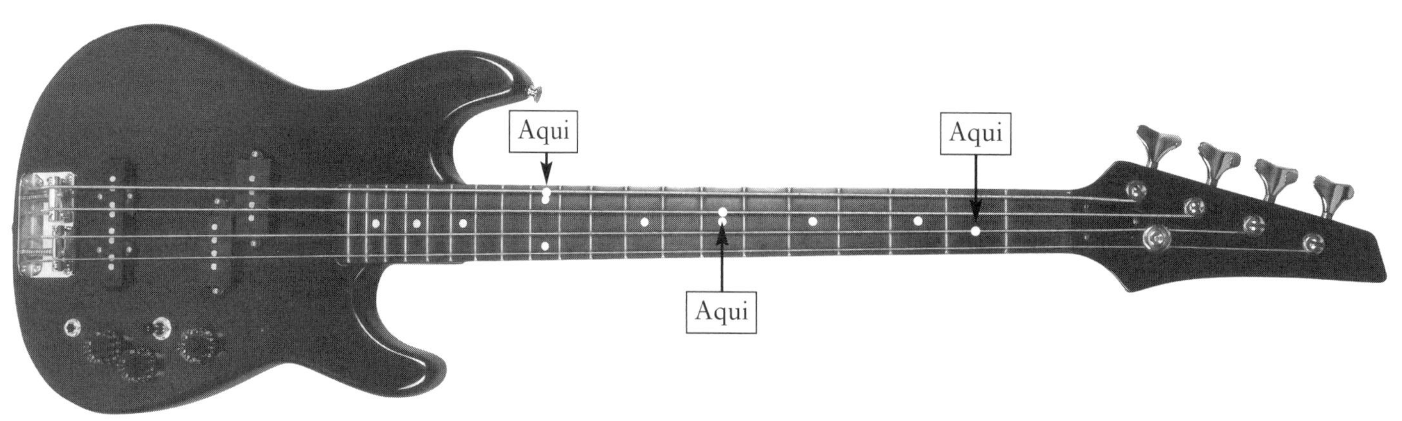

¿Te das cuenta lo fácil que es si usas la lógica y conoces el orden de las notas?

Y AHORA, ¿QUÉ HAGO...?

Bueno, todavía hay mucho que aprender. Lo primero sería volver a repasar este libro completamente. Te darás cuenta de que quizá algunas cosas ya se te habían olvidado.

Practicar *todos los días* las escalas es muy importante. Practicar *todos los días* los acordes es muy importante. Si algo aprendes de este libro que sean dos cosas: *las escalas y los acordes son la base de la música.*

No creas que la música termina tan rápido. Apenas le estas agarrando el gusto. ¡Hay tanto que aprender! Los acordes y las escalas que presentamos aquí, son sólo algunos de los que existen.

Usa tu creatividad, piérdele el miedo al instrumento y tócalo lo más posible. Experimenta con las notas, acordes y canciones; en una palabra, haz que sea divertido.

Este libro se escribió debido a la necesidad de tener un libro sobre música en español en Estados Unidos. Hay muchos libros sobre música en inglés y muy buenos; pero en español apenas hay, y menos aún con CD. Esta serie de Música Fácil © trata de ofrecer libros para enseñar música en tu idioma. Lo importante es que aprendas música.

Felicidades por haber terminado este libro y espero que continúes con la música.

Easy Music School te enseña a tocar *bajo* de una forma *fácil.*

LISTA INDIVIDUAL DE TEMAS MUSICALES

1. Afinación
2. Mis Primeros Pininos (Solo)
3. Mis Primeros Pininos (Grupo)
4. Rancherita (Solo)
5. Rancherita (Grupo)
6. Simplemente Tu (Solo)
7. Simplemente Tu (Grupo)
8. La Escala de Do
9. Ranchera (Solo)
10. Ranchera (Grupo)
11. Tu Dulce Amor (Solo)
12. Tu Dulce Amor (Grupo)
13. La Escala de SOL
14. Amanecer (Solo)
15. Amanecer (Grupo)
16. Solamente Dos Veces (Solo)
17. Solamente Dos Veces (Grupo)
18. El Cha Cha (Solo)
19. El Cha Cha (Grupo)
20. Todo Por Ti (Solo)
21. Todo Por Ti (Grupo)
22. No Comprendo (Solo)
23. No Comprendo (Grupo)
24. Circulo de DO
25. La Escala de RE
26. Bach Norteño (Solo)
27. Bach Norteño (Grupo)
28. Circulo de Sol
29. Un Velero En Chapala (Solo)
30. Un Velero En Chapala (Grupo)
31. La Escala de La
32. Volvere Otra Vez (Solo)
33. Volvere Otra Vez (Grupo)
34. Circulo de La
35. El *Rock* De La Escuela (Solo)
36. El *Rock* De La Escuela (Grupo)
37. Norteña De Mis Amores ♩=114 (Solo)
38. Norteña De Mis Amores ♩=114 (Grupo)
39. Norteña De Mis Amores ♩=170 (Solo)
40. Norteña De Mis Amores ♩=170 (Grupo)
41. La Escala de FA
42. El *Rock* De La Piedra ♩=120 (Solo)
43. El *Rock* De La Piedra ♩=120 (Grupo)
44. El *Rock* De La Piedra ♩=153 (Solo)
45. El *Rock* De La Piedra ♩=153 (Grupo)
46. La Escala de SI♭
47. Si Te Tuviera ♩=93 (Solo)
48. Si Te Tuviera ♩=93 (Grupo)
49. Si Te Tuviera ♩=129 (Solo)
50. Si Te Tuviera ♩=129 (Grupo)
51. Volvere Con La Banda ♩=170 (Solo)
52. Volvere Con La Banda ♩=170 (Grupo)
53. Volvere Con La Banda ♩=222 (Solo)
54. Volvere Con La Banda ♩=222 (Grupo)
55. La Escala de MI
56. Un Bolerito Para Ti ♩=85 (Solo)
57. Un Bolerito Para Ti ♩=85 (Grupo)
58. Un Bolerito Para Ti ♩=117 (Solo)
59. Un Bolerito Para Ti ♩=117 (Grupo)
60. La Escala de MI♭
61. Enamorado De Ti ♩=89 (Solo)
62. Enamorado De Ti ♩=89 (Grupo)
63. Enamorado De Ti ♩=114 (Solo)
64. Enamorado De Ti ♩=114 (Grupo)
65. La Escala de LA♭
66. La Escala de RE♭
67. La Escala de SI

Primer Nivel: Aprende teclado fácilmente

por Víctor M. Barba

Gracias a Mi familia por ayudarme y apoyarme en la realización de este libro. Gracias también a Betty, mi esposa y a mis dos hijos, Carlos y Cindy.

Nota biográfica del autor

Víctor M. Barba estudió música en el Conservatorio Nacional de Música de México D.F. Cuenta en su poder con varios premios entre los que se encuentran dos premios Nacionales de Composición. Es así mismo autor de un concierto para piano y unas variaciones sinfónicas. Su música ha sido interpretada por la Orquesta Sinfónica del Estado de México, bajo la dirección del Maestro Eduardo Díazmuñoz G. Desde muy joven impartió clases de música en diferentes escuelas y a nivel privado, pero no fue hasta 1996 que fundara la escuela Easy Music School. Su sistema de aprendizaje *Música Fácil* © ha ayudado a miles de personas aprender música de una manera práctica y profesional. Como productor de discos y arreglista trabajó junto a Cornelio Reyna y recientemente compuso la banda sonora de la película *Sueños amargos* protagonizada por Rozenda Bernal y Alejandro Alcondez. Víctor M. Barba se destaca también como autor y ha publicado varios métodos para tocar instrumentos musicales tan variados como: teclado, acordeón, batería, solfeo e incluso canto. En la actualidad se concentra en la escritura de libros para trompeta, violín y armonía. Es miembro de BMI y sus canciones han sido interpretadas por artistas de renombre internacional.